Sabedoria das Parábolas

Huberto Rohden

TEXTO INTEGRAL

COLEÇÃO A OBRA-PRIMA DE CADA AUTOR

SABEDORIA DAS PARÁBOLAS

Huberto Rohden

TEXTO INTEGRAL

MARTIN CLARET

CRÉDITOS

Idealização e Coordenação
Martin Claret

Capa
Ilustração
Marcelin Talbot

Direção de Arte
José Duarte T. de Castro

Miolo
Revisão
Mª de Fátima C. A. Madeira
Lucyana Rocha de O. Torchia

Projeto Gráfico
José Duarte T. de Castro

Editoração Eletrônica
Editora Martin Claret

Papel
Off-Set, 70g/m²

Impressão e Acabamento
Paulus Gráfica

Editora Martin Claret Ltda. – Rua Alegrete, 62 – Bairro Sumaré
CEP: 01254-010 – São Paulo - SP
Tel.: (0xx11) 3672-8144 – Fax: (0xx11) 3673-7146
www.martinclaret.com.br / editorial@martinclaret.com.br

Agradecemos a todos os nossos amigos e colaboradores — pessoas físicas e jurídicas — que deram as condições para que fosse possível a publicação deste livro.

11ª REIMPRESSÃO -2012

PALAVRAS DO EDITOR

A história do livro e a coleção "A Obra-Prima de Cada Autor"

MARTIN CLARET

Que é o livro? Para fins estatísticos, na década de 1960, a UNESCO considerou o livro "uma publicação impressa, não periódica, que consta de no mínimo 56 páginas, sem contar as capas".

O livro é um produto industrial.

Mas também é mais do que um simples produto. O primeiro conceito que deveríamos reter é o de que o livro como objeto é o veículo, o suporte de uma informação. O livro é uma das mais revolucionárias invenções do homem.

A *Enciclopédia Abril* (1972), publicada pelo editor e empresário Victor Civita, no verbete "livro" traz concisas e importantes informações sobre a história do livro. A seguir, transcrevemos alguns tópicos desse estudo didático.

O livro na Antiguidade

Antes mesmo que o homem pensasse em utilizar determinados materiais para escrever (como, por exemplo, fibras vegetais e tecidos), as bibliotecas da Antiguidade estavam repletas de textos gravados em tabuinhas de barro cozido. Eram os primeiros "livros", depois progressivamente modificados até chegarem a ser feitos — em grandes tiragens — em papel impresso mecanicamente, proporcionando facilidade de leitura e transporte. Com eles, tornou-se possível, em todas as épocas, transmitir fatos, acontecimentos históricos, descobertas, tratados, códigos ou apenas entretenimento.

Como sua fabricação, a função do livro sofreu enormes modificações dentro das mais diversas sociedades, a ponto de constituir uma mercadoria especial, com técnica, intenção e utilização determinadas. No moderno movimento editorial das chamadas sociedades de consumo, o livro pode ser considerado uma mercadoria cultural, com maior ou menor significado no contexto socioeconômico em que é publicado. Enquanto mercadoria, pode ser comprado, vendido ou trocado. Isso não ocorre, porém, com sua função intrínseca, insubstituível: pode-se dizer que o livro é essencialmente um instrumento cultural de difusão de ideias, transmissão de conceitos, documentação (inclusive fotográfica e iconográfica), entretenimento ou ainda de condensação e acumulação do conhecimento. A palavra escrita venceu o tempo, e o livro conquistou o espaço. Teoricamente, toda a humanidade pode ser atingida por textos que difundem ideias que vão de Sócrates e Horácio a Sartre e McLuhan, de Adolf Hitler a Karl Marx.

Espelho da sociedade

A história do livro confunde-se, em muitos aspectos, com a história da humanidade. Sempre que escolhem frases e temas, e transmitem ideias e conceitos, os escritores estão elegendo o que consideram significativo no momento histórico e cultural que vivem. E, assim, fornecem dados para a análise de sua sociedade. O conteúdo de um livro — aceito, discutido ou refutado socialmente — integra a estrutura intelectual dos grupos sociais.

Nos primeiros tempos, o escritor geralmente vivia em contato direto com seu público, que era formado por uns poucos letrados, já cientes das opiniões, ideias, imaginação e teses do autor, pela própria convivência que tinham com ele. Muitas vezes, mesmo antes de ser redigido o texto, as ideias nele contidas já haviam sido intensamente discutidas pelo escritor e parte de seus leitores. Nessa época, como em várias outras, não se pensava na enorme porcentagem de analfabetos. Até o século XV, o livro servia exclusivamente a uma pequena minoria de sábios e estudiosos que constituíam os círculos intelectuais (confinados aos mosteiros durante o começo da Idade Média) e que tinham acesso às bibliotecas, cheias de manuscritos ricamente ilustrados.

Com o reflorescimento comercial europeu, nos fins do século XIV, burgueses e comerciantes passaram a integrar o mercado livreiro da época. A erudição laicizou-se e o número de escritores aumentou, surgindo também as primeiras obras escritas em línguas que não o latim e o grego (reservadas aos textos clássicos e aos assuntos considerados dignos de atenção). Nos séculos XVI e XVII, surgiram diversas literaturas nacionais, demonstrando, além do florescimento intelectual da época, que a população letrada dos países europeus estava mais capacitada a adquirir obras escritas.

Cultura e comércio

Com o desenvolvimento do sistema de impressão de Gutenberg, a Europa conseguiu dinamizar a fabricação de livros, imprimindo, em cinquenta anos, cerca de 20 milhões de exemplares para uma população de quase 10 milhões de habitantes, cuja maioria era analfabeta. Para a época, isso significou enorme revolução, demonstrando que a imprensa só se tornou uma realidade diante da necessidade social de ler mais.

Impressos em papel, feitos em cadernos costurados e posteriormente encapados, os livros tornaram-se empreendimento cultural e comercial: os editores passaram logo a se preocupar com melhor apresentação e redução de preços. Tudo isso levou à comercialização do livro. E os livreiros baseavam-se no gosto do público para imprimir, principalmente obras religiosas, novelas, coleções de anedotas, manuais técnicos e receitas.

Mas a porcentagem de leitores não cresceu na mesma proporção que a expansão demográfica mundial. Somente com as modificações socioculturais e econômicas do século XIX — quando o livro começou a ser utilizado também como meio de divulgação dessas modificações e o conhecimento passou a significar uma conquista para o homem, que, segundo se acreditava, poderia ascender socialmente se lesse — houve um relativo aumento no número de leitores, sobretudo na França e na Inglaterra, onde alguns editores passaram a produzir obras completas de autores famosos, a preços baixos. O livro era então interpretado como símbolo de liberdade, conseguida por conquistas culturais. Entretanto, na maioria dos países, não houve nenhuma grande modificação nos índices porcentuais até o fim da Primeira Guerra Mundial (1914/18), quando surgiram as primeiras grandes tiragens de um só livro, principalmente romances, novelas e textos didáticos. O número elevado de cópias, além de baratear o preço da unidade, difundiu ainda mais a literatura. Mesmo assim, a maior parte da população de muitos países continuou distanciada, em parte porque o livro, em si, tinha sido durante muitos séculos considerado objeto raro, atingível somente por um pequeno número de eruditos. A grande massa da população mostrou maior receptividade aos jornais, periódicos e folhetins, mais dinâmicos e atualizados, e acessíveis ao poder aquisitivo da grande maioria. Mas isso não chegou a ameaçar o livro como símbolo cultural de difusão de ideias, como fariam, mais tarde, o rádio, o cinema e a televisão.

O advento das técnicas eletrônicas, o aperfeiçoamento dos métodos fotográficos e a pesquisa de materiais praticamente imperecíveis fazem alguns teóricos da comunicação de massa pensarem em um futuro sem os livros tradicionais (com seu formato quadrado ou retangular, composto de folhas de papel, unidas umas às outras por um dos lados). Seu conteúdo e suas mensagens (racionais ou emocionais) seriam transmitidos por outros meios, como por exemplo microfilmes e fitas gravadas.

A televisão transformaria o mundo todo em uma grande "aldeia" (como afirmou Marshall McLuhan), no momento em que todas as sociedades decretassem sua prioridade em relação aos textos escritos. Mas a palavra escrita dificilmente deixaria de ser considerada uma das mais importantes heranças culturais, entre todos os povos.

Através de toda a sua evolução, o livro sempre pôde ser visto como objeto cultural (manuseável, com forma entendida e interpretada em função de valores plásticos) e símbolo cultural (dotado de conteúdo, entendido e interpretado em função de valores semânticos). As duas maneiras podem fundir-se no pensamento coletivo, como um conjunto orgânico (onde texto e arte se completam, por exemplo, em um livro de arte) ou apenas como um conjunto textual (onde a mensagem escrita vem em primeiro lugar — em um livro de matemática, por exemplo).

A mensagem (racional, prática ou emocional) de um livro é sempre intelectual e pode ser revivida a cada momento. O conteúdo, estático em si, dinamiza-se em função da assimilação das palavras pelo leitor, que pode discuti-las, reafirmá-las, negá-las ou transformá-las. Por isso, o livro pode ser considerado instrumento cultural capaz de liberar informação, sons, imagens, sentimentos e ideias através do tempo e do espaço. A quantidade e a qualidade de ideias colocadas em um texto podem ser aceitas por uma sociedade, ou por ela negadas, quando entram em choque com conceitos ou normas culturalmente admitidos.

Nas sociedades modernas, em que a classe média tende a considerar o livro como sinal de *status* e cultura (erudição), os compradores utilizam-no como símbolo mesmo, desvirtuando suas funções ao transformá-lo em livro-objeto. Mas o livro é, antes de tudo, funcional — seu conteúdo é que lhe dá valor (os livros de ciências, filosofia, religião, artes, história e geografia, que representam cerca de 75% dos títulos publicados anualmente em todo o mundo).

O mundo lê mais

No século XX, o consumo e a produção de livros aumentaram progressivamente. Lançado logo após a Segunda Guerra Mundial (1939/45), quando uma das características principais da edição de um livro eram as capas entreteladas ou cartonadas, o livro de bolso constituiu um grande êxito comercial. As obras — sobretudo *best sellers* publicados algum tempo antes em edições de luxo — passaram a ser impressas em rotativas, como as revistas, e distribuídas nas bancas de jornal. Como as tiragens elevadas permitiam preços muito baixos, essas edições de bolso popularizaram-se e ganharam importância em todo o mundo.

Até 1950, existiam somente livros de bolso destinados a pessoas de baixo poder aquisitivo; a partir de 1955, desenvolveu-se a categoria do livro de bolso "de luxo". As características principais destes últimos eram a abundância de coleções — em 1964 havia mais de duzentas, nos Estados Unidos — e a variedade de títulos, endereçados a um público intelectualmente mais refinado. A essa diversificação das categorias adiciona-se a dos pontos de venda, que passaram a abranger, além das bancas de jornal, farmácias, lojas, livrarias, etc. Assim, nos Estados Unidos, o número de títulos publicados em edições de bolso chegou a 35 mil em 1969, representando quase 35% do total dos títulos editados.

Proposta da coleção
"A Obra-Prima de Cada Autor"

"Coleção" é uma palavra há muito tempo dicionarizada e define o conjunto ou reunião de objetos da mesma natureza ou que têm alguma relação entre si. Em um sentido editorial, significa o conjunto não limitado de obras de autores diversos, publicado por uma mesma editora, sob um título geral indicativo de assunto ou área, para atendimento de segmentos definidos do mercado.

A coleção "A Obra-Prima de Cada Autor" corresponde plenamente à definição acima mencionada. Nosso principal objetivo é oferecer, em formato de bolso, a obra mais importante de cada autor, satisfazendo o leitor que procura qualidade.*

Desde os tempos mais remotos existiram coleções de livros. Em Nínive, em Pérgamo e na Anatólia existiam coleções de obras literárias de grande importância cultural. Mas nenhuma delas superou a célebre biblioteca de Alexandria, incendiada em 48 a.C. pelas legiões de Júlio César, quando estas arrasaram a cidade.

A coleção "A Obra-Prima de Cada Autor" é uma série de livros a ser composta por mais de 400 volumes, em formato de bolso, com preço altamente competitivo, e pode ser encontrada em centenas de pontos de venda. O critério de seleção dos títulos foi o já estabelecido pela tradição e pela crítica especializada. Em sua maioria, são obras de ficção e filosofia, embora possa haver textos sobre religião, poesia, política, psicologia e obras de autoajuda. Inauguram a coleção quatro textos clássicos: *Dom Casmurro*, de Machado de Assis; *O Príncipe*, de Maquiavel; *Mensagem*, de Fernando Pessoa; e *O lobo do mar*, de Jack London.

Nossa proposta é fazer uma coleção quantitativamente aberta. A periodicidade é mensal. Editorialmente, sentimo-nos orgulhosos de poder oferecer a coleção "A Obra-Prima de Cada Autor" aos leitores brasileiros. Nós acreditamos na função do livro.

---

* Atendendo a sugestões de leitores, livreiros e professores, a partir de certo número da coleção, começamos a publicar, de alguns autores, outras obras além da sua obra-prima.

Advertência do autor

A substituição da tradicional palavra latina *crear* pelo neologismo moderno *criar* é aceitável em nível de cultura primária, porque favorece a alfabetização e dispensa esforço mental — mas não é aceitável em nível de cultura superior, porque deturpa o pensamento.

Crear é a manifestação da Essência em forma de existência — *criar* é a transição de uma existência para outra existência.

O Poder Infinito é o *creador* do Universo — um fazendeiro é um *criador* de gado.

Há entre os homens gênios *creadores*, embora não sejam talvez *criadores*.

A conhecida lei de Lavoisier diz que "na natureza nada se *crea*, nada se aniquila, tudo se transforma", se grafarmos "nada se *crea*", esta lei está certa, mas se escrevermos "nada se *cria*", ela resulta totalmente falsa.

Por isso, preferimos a verdade e clareza do pensamento a quaisquer convenções acadêmicas.

Primeira parte

Os ensinamentos de Jesus

Prelúdio

Quase todas as parábolas de Jesus giram em torno da idéia do "Reino de Deus" ou "Reino dos Céus".*

Reino é um conceito orgânico, que lembra hierarquia. Num reino há superior e súditos, alguém que orienta e os que seguem sua orientação.

E como, segundo as palavras do Cristo, o Reino de Deus está dentro do homem, deve esse reino consistir numa hierarquia de valores e de fatos que integram a natureza humana.

O Reino de Deus no homem é o Eu divino da sua alma, que governa o ego humano da sua mente, das suas emoções e do seu corpo.

Esse Reino de Deus existe em todo homem; mas, na maior parte, existe em estado dormente, potencial, embrionário; compete ao homem despertar, atualizar, desenvolver esse reino, que o Mestre chama a "luz sob o alqueire", o "tesouro oculto", a "pérola preciosa".

Há no Evangelho algumas dezenas de parábolas que visam esse Reino dos Céus que o homem deve despertar, desenvolver dentro de si e pôr a serviço da vida própria e alheia.

---

* Nesta edição reproduzimos, no começo de cada capítulo, o texto completo da respectiva parábola, na tradução feita diretamente do texto grego do primeiro século, realizada pelo próprio Huberto Hohden.

Quem nos conta essas parábolas havia realizado plenamente esse Reino de Deus em si mesmo.

Mas aos seus ouvintes inexperientes não podia ele dizer o que, na realidade, era esse Reino; só lhes podia indigitar, através de comparações e analogias, a que era semelhante a esse Reino. O Reino dos Céus é semelhante a um grão de mostarda... a um fermento... a uma rede de pescar... a uma festa nupcial... a dez virgens... a uma pérola preciosa etc.

Já aos 12 anos manifestou Jesus um lampejo desse Reino divino. Por ocasião da Páscoa — festa comemorativa do êxodo do Egito, isto é, da independência nacional de Israel — ficou o menino Jesus três dias em silêncio e meditação num lugar ignorado do templo; e, quando a sua mãe lhe perguntou pelo motivo desse isolamento, respondeu o menino: "Não sabíeis que devo ocupar-me das coisas que são de meu Pai?" referindo-se à vivência do Reino de Deus em sua alma.

Depois subiu com seus pais a Nazaré, cidade da Galiléia, onde passou 18 anos, até à idade de 30, e "foi crescendo em sabedoria e graça perante Deus e os homens".

Muitos livros foram escritos sobre esses 18 anos, que os Evangelhos resumem na única frase citada. Escritores fantasiosos inventaram viagens do adolescente para o Egito, para a Índia, para o Tibet. Mas os seus conterrâneos de Nazaré nada sabem dessa suposta ausência do jovem carpinteiro. Se tivesse estado ausente durante quase dois decênios, os nazarenos teriam tido uma explicação plausível para a grande sabedoria que o jovem profeta revela aos 30 anos.

E, contudo, Jesus fez viagens infinitamente mais longínquas do que ao Egito, à Índia e ao Tibet — viajou através das "muitas moradas que há em casa do Pai celeste", percorreu as ignotas amplitudes dos Reinos de Deus, não fisicamente, mas em espírito e em verdade.

Podemos imaginar o jovem carpinteiro, depois dos labores diurnos, subir lentamente os montes escarpados que se erguem por detrás da cidadezinha de Nazaré, sentar-se num dos penhascos cinzentos, com o rosto voltado para o Ocidente, onde o sol mergulhava nas águas azuis do Mar Mediterrâneo... Horas e horas, lá ficava Jesus, imóvel como uma estátua de granito, enquanto sua alma contemplativa mergulhava nas maravilhas do Universo, não apenas do Universo material, mas sobretudo do Universo espiritual, que só os cosmovidentes enxergam...

Altas horas da noite, às vezes só pela madrugada, descia o jovem dos montes de Nazaré e voltava para casa. E, enquanto descia lentamente, envolto ainda no invisível halo do Reino de Deus, que contemplara, dizia ele de si para si:

Como vou falar ao povo dessas maravilhas?... Como fazer-lhe compreender o que é o Reino dos Céus?... Só balbuciando comparações, alegorias, parábolas primitivas... O Reino dos Céus é semelhante a isto, é semelhante àquilo...

Jesus sorria-se ligeiramente da ingenuidade da sua idéia de falar ao povo de coisas tão transcendentais.

Aos 30 anos, fechou a modesta carpintaria, despediu-se de sua mãe e desceu das alturas da Galiléia. Dirigiu-se rumo sul, à Judéia, a fim de se encontrar com seu primo João, que proclamava o Reino de Deus às margens do Jordão.

Mas, antes de fazer transbordar umas gotinhas da sua plenitude interior, retirou-se Jesus mais uma vez por 40 dias, ao silêncio do deserto, revivendo as suas experiências de Nazaré sobre o Reino dos Céus.

Só depois dessas grandes e profundas experiências resolveu ele falar ao povo sobre o que vivera e saboreara interiormente.

Durante os três anos da sua vida pública, refere o Evangelho, passava Jesus noites inteiras no alto dos montes ou na solidão do ermo, em sintonia cósmica com o Infinito.

Dessa profunda e vasta experiência direta do Reino de Deus brotaram as parábolas.

"A vós — diz ele a seus discípulos — vos é dado compreender os mistérios do Reino de Deus, mas ao povo só lhe falo em parábolas".

Nenhuma das parábolas foi excogitada por Jesus; todas

elas foram vividas por ele — e só podem ser compreendidas por nós quando plenamente vividas.

* * *

Toda parábola consta de dois elementos: o símbolo material e o simbolizado espiritual.

O símbolo material, tirado da natureza ou da sociedade humana, é compreensível a todos; mas a compreensão do simbolizado espiritual depende do estado de evolução de cada um. Quem tem 10 graus de evolução espiritual interpreta a parábola como sendo 10; quem tem 50 graus compreende-a no nível 50; quem tem 100 graus de evolução compreende a parábola no grau 100. Devido a essa ilimitada elasticidade do simbolizado espiritual da parábola, esse modo de ensinar se presta para toda e qualquer classe de homens. Por outro lado, porém, não é possível dar uma explicação definitiva e universalmente válida das parábolas; a sua relatividade admite inúmeras interpretações, proporcionais ao estado de evolução espiritual de cada ouvinte ou leitor.

A explicação que passaremos a dar nas seguintes páginas corresponde ao estado evolutivo do autor, mas pode ser ultrapassada e completada pelo leitor.

Chamamos a atenção para o fato de que as parábolas não visam, em primeiro lugar, uma certa moralidade de agir, mas, acima de tudo, a consciência do Ser. Quando o homem se limita a certa vivência do agir moral, mas não atinge a realidade do seu Ser metafísico, ontológico, corre ele o perigo de marcar passo na zona superficial de um moralismo convencional, sem atingir a consciência da realidade.

As parábolas nos convidam a um profundo conhecimento metafísico e místico, cujo transbordamento espontâneo se revelará infalivelmente em auto-realização ética. A experiência da mística do "primeiro e maior de todos os mandamentos" se manifestará na vivência da ética do segundo mandamento.

* * *

A segunda parte deste livro gira em torno da "Mística das Beatitudes". As oito bem-aventuranças, que formam o início do Sermão da Montanha, *representam uma profunda experiência transcendental de Jesus, a vivência do "terceiro céu", completando admiravelmente a* Sabedoria das Parábolas.

O filho pródigo
(Lc 15, 11-32)

Parábola do filho pródigo. Prosseguiu, dizendo: "Um 11
Homem tinha dois filhos. Disse o mais novo deles ao pai: Pai, 12
dá-me o quinhão dos bens que me toca. Ao que ele lhes repartiu
os bens.

Passados poucos dias, o filho mais moço juntou tudo e partiu 13
para uma terra longínqua. Aí esbanjou a sua fortuna numa vida
dissoluta. Depois de tudo dissipado, sobreveio uma grande fome 14
àquele país; e ele começou a sofrer necessidade. Retirou-se
então e pôs-se ao serviço de um dos cidadãos daquela terra. Este 15
o mandou para os seus campos guardar os porcos. Ansiava ele
por encher o estômago com as vagens que os porcos comiam, 16
mas ninguém lhas dava.

Então entrou em si e disse: Quantos trabalhadores, em casa 17
de meu pai, têm pão em abundância, e eu aqui morro de fome.
Levantar-me-ei e irei ter com meu pai, e lhe direi: Pai, pequei 18
contra o céu e diante de ti; já não sou digno de ser chamado teu 19
filho; trata-me tão-somente como um dos teus trabalhadores.

Levantou-se, pois, e foi em busca de seu pai. 20

O pai avistou-o de longe, e, movido de compaixão, correu-lhe
ao encontro, lançou-se-lhe ao pescoço e beijou-o. Disse-lhe o 21
filho: Pai, pequei contra o céu e diante de ti; já não sou digno de
ser chamado teu filho. O pai, porém, ordenou a seus servos: Depressa, 22
trazei a melhor veste e vesti-lha; ponde-lhe um anel no dedo e cal-
çado nos pés. Buscai também o novilho gordo e carneai-o. Coma-
mos e celebremos um festim; porque este meu filho estava morto, 23
e ressuscitou; andava perdido, e foi encontrado. 24

E começaram a celebrar um festim.

Entrementes, estava o filho mais velho no campo. Quando 25
voltou e se aproximou da casa, ouviu música e danças. Chamou
um dos criados e perguntou-lhe o que era aquilo. Respondeu-lhe 26
ele: Chegou teu irmão, e teu pai mandou carnear o novilho gordo; 27
porque o recebeu são e salvo. Indignou-se ele e não quis entrar.
Saiu então o pai e procurou persuadi-lo. Ele, porém, respondeu 28

ao pai: Há tantos anos que te sirvo, e nunca transgredi nenhum 29
mandamento teu; e nunca me deste um cabrito para eu me banquetear com os meus amigos. Mas, logo que chegou esse teu 30
filho, que dissipou os teus bens com meretrizes, lhe mandaste carnear o novilho gordo.

Meu filho — tornou-lhe o pai —, tu estás sempre comigo, e 31
tudo que é meu é teu. Mas não podíamos deixar de celebrar um 32
festim e alegrar-nos; porque este teu irmão estava morto e reviveu; andava perdido e foi encontrado".

Evolução do homem através de erros humanos para a verdade divina

A história do Filho Pródigo é, quase sempre, apresentada exclusivamente como a parábola clássica da misericórdia de Deus para com o pecador penitente. Oradores e escritores fazem dela um poema melodramático e sentimental do amor de um Pai que recebe de braços abertos um filho ingrato que, finalmente, se arrepende dos seus desvarios e regressa à casa paterna. Esse pai misericordioso é Deus, e o filho pródigo é qualquer pecador que se converte.

Não é intenção nossa excluir totalmente essa interpretação comovente.

Entretanto, à luz do texto original do primeiro século, não cremos que seja esta a quintessência, o alfa e ômega da história narrada por Jesus. Por entre as linhas aparece algo infinitamente mais profundo e sublime, mais cósmico e ontológico que esse drama do amor paterno e da humildade filial.

A história do filho pródigo — que, no Evangelho, não é chamada parábola — é o drama da evolução ascensional do homem e a epopéia multimilenar da própria humanidade. Podemos até afirmar que, nessa narrativa, atingiu o espírito do Nazareno as mais excelsas culminâncias da sua visão cósmica sobre o homem individual e sobre a humanidade universal.

A fim de compreendermos devidamente o poema cósmico do filho pródigo, devemos, acima de tudo, remontar ao texto grego do primeiro século, nem sempre fielmente reproduzido em nossas traduções.

No texto grego original de Lucas — o único evangelista que refere o fato e que escreveu diretamente em língua grega — lemos o seguinte: "Um pai tinha dois filhos. Disse-lhe o mais novo: Pai, concede-me a parte da natureza que me convém".

A Vulgata Latina traduz "Dá-me a porção da substância que me pertence". Substância, em latim, pode significar "aquilo que subestá", que subjaz à minha vida, que é a minha natureza humana de jovem. Mas os tradutores entendem, geralmente, por substância o dinheiro.

O texto original grego é bem claro quando diz: "A parte da minha natureza (*ousia*, do verbo *einai*, que significa "ser") que me convém (*epibállon*)".

Que é que o filho mais novo, talvez de 15 anos, pede ao pai?

Muitos pensam que ele tenha pedido a parte dos bens materiais a que julgava ter direito, e o pai teria distribuído entre os dois filhos os bens da família, na medida do direito de cada um. Mas teria um rapaz o direito de pedir isto ao pai? E, se assim acontecera, como se entende que, após o regresso do filho pródigo, o filho mais velho diz ao pai que nunca recebeu nada dele? Se houvesse partilha dos bens, teria o filho mais velho recebido a sua parte, e não se poderia queixar.

O texto grego não se refere à partilha dos bens, fala da parte da natureza (*ousia*) que ao jovem convém. Isto é, o jovem reclama o direito da sua juventude, insiste na sua liberdade pessoal de jovem independente, faz valer o direito de não mais ser criança dependente, mas adolescente autônomo. Pede um modo de vida conveniente (*epibállon*) a sua natureza de jovem.

O pai reconhece, em silêncio, essa conveniência; não protesta, não dissuade o jovem com nenhuma palavra; reconhece que ele deve iniciar a fase da sua adolescência. Também não aparece nenhuma mãe chorando e dissuadindo o filho de gozar os direitos da sua mocidade independente.

Em silêncio, "o pai dividiu entre eles a vida" (*bios*). A palavra grega "*bios*" quer dizer "vida", onde a Vulgata Latina repete a mesma palavra "substância".

O pai dividiu a vida (*bios*) entre os dois filhos: o mais velho continua na sua vida dependente, o mais novo inicia uma vida independente. Ou seja: o filho mais novo desperta para o segundo estágio da sua evolução hominal, deixa de ser criança inexperiente, e passa a ser um jovem experiente da sua ego-personalidade ao passo que seu irmão mais velho continua estagnado no plano do seu infra-ego inexperiente; não comeu ainda do "fruto da árvore do conhecimento do bem e do mal", como diria Moisés.

Com o despertar da personalidade entra o jovem na fase da liberdade. O livre-arbítrio recém-despertado, manifesta-se primeiro em forma negativa, porquanto o ego humano é essencialmente centrífugo, separatista, dispersivo, anticósmico.

E durante muito tempo continua a ego-personalidade a viver exclusivamente nessa dimensão da egoidade hipertrofiada, esbanjando todas as suas potências numa vida dissoluta, como é invariavelmente a vida com 100% de ego-consciência e 0% de Eu-consciência.

E, como toda a culpa livremente cometida gera sofrimentos necessariamente subseqüentes, no ponto culminante das maldades aparecem os males.

O jovem começa a sofrer as inevitáveis conseqüências das suas culpas. Sofre, sofre, sofre...

Mas o sofrimento não o levou, logo de início, à redenção. O jovem sofredor culpado procura libertar-se dos males sem se redimir da maldade: associa-se a um pecador inveterado na maldade e dele espera libertação dos seus males. O jovem sofredor, no auge da sua miséria, apela para um rico fazendeiro, morador naquela zona; pede-lhe serviço para poder sobreviver. Sem tardança, o velho pecador se prontifica a ajudar o jovem pecador, mandando guardar uma manada de porcos que ele tem na sua fazenda. Dá serviço ao jovem sofredor — mas não lhe dá alimento.

Assim é que todo egoísta trata outro egoísta.

O jovem acabou pastor de porcos imundos. E, quando ouvia o ruidoso crepitar das vagens de alfarroba entre os dentes dos suínos; quando ele via como os animais, depois de encherem a barriga, deitavam-se gostosamente no chiqueiro e dormiam tranqüilamente, enquanto o jovem, de estômago vazio, sentia o desejo de ser animal também para poder ser estupidamente feliz como eles — então despertou nele algo misterioso...

"Desejava encher sua barriga" (*implere ventrem suum*), não saciar-se, que é impossível ao racional, mas pelo menos "encher a barriga", como os porcos, já que outra coisa não lhe era possível. Desejava, pelo menos, esquecer sua insatisfação, já que não se podia satisfazer; tentava enganar, narcotizar com gozos materiais os seus anseios espirituais.

Mas, diz o texto, ninguém lhe dava essa satisfação animalesca. Alimentos materiais não saciam fome espiritual.

Ali, no meio de uma manada de animais satisfeitos, desceu a insatisfação do jovem ao mais profundo nadir da infelicidade.

E foi então que o máximo do sofrimento o levou ao início da redenção. "Ele entrou em si", diz o texto.

Caiu em si, escrevem os maus tradutores, como se alguém pudesse cair para cima. *Entrou* em si, diz o autor sacro.

Saiu das periferias do ego pecador e sofredor — entrou no centro do seu Eu redentor. Aconteceu ao filho pródigo a maior coisa que pode acontecer ao homem: a *autocompreensão*. Que sou eu?...

E toda autocompreensão transborda em auto-realização.

Que sou eu? Sou eu realmente um pastor de porcos? Não! Isto é a triste profissão do meu ego humano — mas não é a gloriosa vocação do meu Eu divino...

Que sou eu?

Eu sou filho daquele pai bondoso. Não sou o que pareço ser externamente — sou e sempre serei o que sou internamente. Eu pareço ser escravo de um tirano egoísta, que me reduziu a pastor de porcos — mas eu sou o filho livre de alguém que continua a ser meu pai.

Depois desse *ingresso* no seu Eu, e esse *egresso* do seu ego, veio o *regresso* ao Pai.

A autocompreensão transborda infalivelmente em auto-realização.

Dizem certos tradutores que o jovem se "arrependeu"; outros chegam ao auge da absurdidade afirmando que fez "penitência". Mas o texto inspirado do Evangelho só conhece a palavra "converteu-se", ou "transmentalizou-se". Ultrapassou a sua velha mentalidade ego e entrou na nova consciência do Eu.

O jovem, aparentemente, regressou para donde viera; na realidade, porém, esse regresso foi um *super-gresso*; o ponto da sua volta não coincidiu com o ponto da sua partida; não fechou simplesmente um círculo, abriu uma grande espiral, cujo termo de chegada está imensamente acima do termo de partida; o *regresso* superou o *egresso*, porque entre este e aquele aconteceu um *ingresso*. Entre a partida e a chegada houve uma gigantesca evolução — a jornada cósmica que vai da culpa através do sofrimento até a redenção.

Para celebrar esse grande acontecimento — a autocompreensão e auto-realização de um homem — o Evangelho recorre a tudo quanto possa simbolizar suprema alegria e solenidade: abraços, beijos, anel precioso, deslumbrante vestuário, lauto festim, músicas e bailados. É que a realização de um único homem é um fenômeno mais grandioso que todos os astros e galáxias do Universo. Deus creou todas as grandezas do cosmos — mas um único homem plenamente realizado é um Universo de creatividade acima de todas as creaturidades...

Quando se estava celebrando essa grande harmonia, aparece uma aguda dissonância: o filho mais velho, que estagnara na sua evolução e continuara a marcar passo na inexperiência, revelou-se incapaz de compreender a linha ascensional evolutiva de seu irmão, que culminou em suprema verticalidade. Nem aceita a palavra "teu irmão", mas a substitui por "teu filho". De fato, o jovem realizado não era mais "irmão" dele; não havia nenhuma afinidade espiritual entre eles; ele era apenas "teu filho", um filho de Deus, sem afinidade com outros filhos de Deus. O filho mais velho se queixa de nunca ter sido recompensado por sua obediência de muitos anos, ao passo que o outro, auto-realizado, nada sabe de recompensa, de espírito mercenário. Quem encontrou o seu verdadeiro *ser* nada mais sabe do ilusório *ter*. Quem realizou o seu ser só conhece amor, e nada sabe de recompensa.

O poema do filho pródigo marca o zênite da genialidade do Nazareno, quando considerado à luz do drama cósmico da auto-realização do homem e da evolução multimilenar da humanidade.

O filho mais velho representa um ser humano que, longe de atingir as alturas da *individualidade* do Eu divino, nem sequer despertara para a *personalidade* do seu ego humano. E quem não tem consciência do seu ego não é possuidor de nada, como os seres da natureza, que nada sabem de posse ou possessividade.

Por isso, diz muito bem o Pai, que simboliza Deus. "Tudo que é meu é teu". Tudo que é de Deus é também do mundo infra-humano — mineral, vegetal, animal — mas esse mundo nada sabe de "meu". O infra-ego não possui nada, nem sequer um "cabrito". A consciência do "meu" é um corolário do pequeno "eu" personal ou ego.

O filho mais novo havia chegado à ego-consciência personal e a tinha superado, atingindo as alturas da Eu-consciência cósmica.

O hino místico *Exultet*, que se canta anualmente na véspera ou manhã da Páscoa, exclama: *"O felix culpa! O vere necessarium Adae peccatum, quod talem et tantum meruisti Redemptorem!"* (Ó culpa feliz! Ó pecado de Adão realmente necessário, que tal e tão grande Redentor mereceste!)

Poderá haver culpa feliz? Haverá pecado necessário?

Em face da teologia analítica, isto é blasfemo — mas à luz da visão da mística intuitiva, isto é sublime. Culpa e pecado simbolizam o estágio evolutivo do homem através do ego em demanda do Eu. A nossa humanidade da ego-personalidade já está no plano horizontal da "culpa feliz" e do "pecado necessário"; falta-lhe superar esse plano e atingir a plenitude vertical da sua redenção.

Após o subego, a *kundalini*, enrolada e dormente, acordará como ego rastejante no plano horizontal, "comendo do pó da terra" — no superego, ou Eu, *kundalini* se ergue à plenitude vertical da sua auto-realização.

A história do filho pródigo encerra uma metafísica de infinita profundidade e uma mística de inaudita sublimidade.

A festa nupcial
(Mt 22, 1-14)

O banquete nupcial. Continuou Jesus a falar-lhes em for-
ma de parábolas, dizendo: "O reino dos céus é semelhante a um 2
rei que celebrava as núpcias de seu filho. Mandou os seus servos
para chamar às núpcias os convidados. Estes, porém, não quiseram 3
vir. Então mandou outros servos com esta ordem: Dizei aos 4
convidados: Eis que tenho pronto o meu banquete; mandei carnear
os meus bois e animais cevados; está tudo pronto; vinde às 5
núpcias. Eles, todavia, não ligaram importância, e foram-se em-
bora, um para seu campo, outro para o seu negócio; os restantes
prenderam os servos, maltrataram-nos e os mataram. Indignou- 6
se o rei a esta notícia, mandou os seus exércitos, deu cabo daque- 7
les assassinos e pôs fogo à sua cidade. Em seguida, disse a seus
servos: Está pronto o banquete nupcial; mas os convidados não 8
foram dignos dele. Ide, pois, pelas encruzilhadas e convidai às 9
núpcias a quantos encontrardes. Saíram os servos estradas em
fora e ajuntaram todos os que encontraram, bons e maus; e 10
encheu-se de convivas a sala do banquete.
Nisto entrou o rei para ver os que estavam à mesa. E deparou- 11
se-lhe um homem que não trajava veste nupcial. Amigo — disse- 12
lhe —, como entraste aqui sem teres a veste nupcial? Aquele, porém,
ficou calado. Ordenou então o rei aos servos: Atai-o de mãos e 13
pés e lançai-o às trevas de fora; aí haverá choro e ranger de 14
dentes. Porque muitos são os chamados, mas poucos os
escolhidos".

Pelas núpcias humanas se perpetua a vida racial terrestre — pelas núpcias divinas se realiza a vida individual celeste

"O Reino dos Céus é semelhante a um rei que celebrava as núpcias de seu filho".

Em todas as literaturas, dentro e fora do cristianismo, a experiência *mística* aparece invariavelmente em roupagens de vivência *erótica*. Na Bíblia, não é somente no "Cântico dos Cânticos" de Salomão, mas também no Evangelho do Cristo, que mística e erótica figuram uma ao lado da outra. *Eros* e *Logos* aparecem sempre de mãos dadas.

Para, de algum modo, compreender tão paradoxal mistério, é necessário que assumamos a perspectiva seguinte:

A Vida é a quintessência do Universo. A Vida é a Divindade, Brahman, Tao, Yahveh. A Realidade do Universo é Vida.

É da íntima natureza da Vida, Una e Única, que ela se manifeste em forma de Vivos; que o eterno Uno se revele sem cessar em Verso temporário, formando o Universo, a Unidade na Diversidade.

O Universo é Vida manifestada em Vivos.

Mas os Vivos, não podendo perpetuar-se *individualmente*, têm a irresistível tendência de se perpetuarem *racialmente*, na imortalidade da espécie.

A impossibilidade da imortalidade individual é substituída pela possibilidade da imortalização racial.

O instinto sexual — *libido*, no mundo animal, *erótica*, no mundo hominal — está a serviço da imortalização da espécie, daí a sua irresistível veemência. É imperativo categórico da Vida que os Vivos se perpetuem.

No mundo hominal superior, a mística realiza no plano individual o que a erótica procura realizar no plano inferior da raça. A mística realiza a *imortalidade simultânea* do indivíduo, ao passo que a erótica realiza a *imortalidade sucessiva* da espécie.

Erótica e mística, como se vê, estão a serviço da imortalidade, cada uma na sua esfera.

Por isto, a estranha afinidade entre o imperativo sexual, que visa procrear a imortalidade racial e o imperativo espiritual, que crea a imortalidade individual. O *crear* supera o *procrear*.

No plano superior, a tendência erótica decresce na razão direta do crescimento da experiência mística; quando esta atinge o mais alto zênite, aquela baixa ao mais profundo nadir. A imortalidade *qualitativa* extingue o desejo da imortalização *quantitativa*.

Os grandes místicos são, geralmente, dotados de uma veemente potencialidade erótica — não no sentido de que, antes de se tornarem místicos, devam ter sido atualmente eróticos, como vemos na vida de Santo Agostinho e de Mahatma Gandhi; mas no sentido de que uma intensa vitalidade, que se revela em potencialidade erótica, pode-se manifestar em potência mística, como no caso de Francisco de Assis, e, sobretudo, de Jesus de Nazaré, nos quais não aparece nenhuma erótica atual, mas a erótica potencial se manifestou diretamente em mística atual. Uma erótica sadia, não eclodida, pode eclodir numa grande mística.

À luz destas premissas é possível compreender, de algum modo, o constante paralelo entre erótica e mística, entre as núpcias humanas e as núpcias divinas.

Mestres hindus de Yôga Tântrica vão ao ponto de recomendar a seus discípulos a prática de interromperem o *orgasmo sexual* da erótica humana no ponto culminante, antes de o consumarem, a fim de entrarem subitamente no *entusiasmo espiritual* da mística divina. Semelhante prática parece quase um desafio sádico para o homem e a mulher comuns; mas baseia-se na suposição tácita de haver uma afinidade latente entre Eros e Logos. E, na realidade, tanto a erótica como a mística giram em torno do início de uma vida nova, seja no plano horizontal dos egos humanos interessados em perpetuar a vida racial da humanidade, seja na dimensão vertical do Eu divino responsável pela imortalização da vida individual do homem. Aquela se realiza no infra-consciente, esta no supra-consciente.

No orgasmo erótico ocorre um mergulho momentâneo de duas vidas individuais — homem e mulher — no oceano cósmico da Vida Universal, onde se acende uma terceira vida, a do filho.

No entusiasmo místico há um mergulho-relâmpago de uma vida individual humana no mar imenso da Vida Universal da Divindade, e neste momento se acende na creatura humana a vida imortal, integrada na Divindade; o filho concebido não é uma entidade alheia separada do místico, mas é ele mesmo numa nova dimensão de existência. Pode-se dizer que, na experiência mística, ocorre uma *autoconcepção*: o homem imortalizável se torna imortalizado; o ponto culminante na vida humana é essa autoconcepção, que se consumará na *autoparturição*, em "dar à luz a si mesmo", como diz um autor moderno. "Quem não nascer de novo pelo espírito não pode ver o Reino de Deus".

A erótica, que é a mística da carne, perpetua a imortalidade racial da humanidade.

A mística, que é a erótica do espírito, realiza a imortalidade individual do homem.

Freud escreveu um livro entitulado *Eros e Thânatos* (*Amor e Morte*), como que sentindo a afinidade entre Amor e Morte. Se não houvesse a morte dos indivíduos, não haveria necessidade para o *Eros*, destinado a preencher com vida nova as lacunas que *Thânatos* abre nas vidas individuais. *Eros* equilibra o *déficit* que *Thânatos* causa incessantemente.

Mas, quando o *Eros* do ego culmina no *Logos* do Eu, não há mais lugar para *Thânatos*, porque *Logos* é *Athânatos*, imortalidade. Quando a mística atinge o seu zênite, a erótica desce a seu nadir. A mística, em sua plenitude, não é uma erótica *sublimada*, mas sim uma erótica totalmente *superada* pela mística.

* * *

"Um rei fez as núpcias para seu filho"...

A Divindade, enviando ao mundo o "Unigênito do Pai", o "Primogênito de todas as creaturas", realizou as núpcias místicas do Cristo Cósmico, do Verbo, do Logos, com a natureza humana de Jesus de Nazaré. E o Jesus humano, integrando-se totalmente no Cristo divino, redimiu a sua humanidade individual, divinizando a natureza humana.

Desde então, existe uma humanidade Cristo-redimida — não a *humanidade coletiva* do gênero humano, que continua irredenta, mas sim, a *humanidade individual* em Jesus.

Estas núpcias místicas do Cristo Cósmico com a natureza humana de Jesus, esse conúbio metafísico do Verbo com a carne, pela Encarnação, foram o prelúdio e o penhor para que a carne se fizesse Verbo, na Ressurreição; e, na Ascensão, o Verbo encarnado e a carne verbificada subiram aos céus.

Ora, essa *theosis*, que aconteceu uma vez, em Jesus, pode acontecer mais vezes; a humanidade, uma vez Cristo-remida em Jesus, pode ser Cristo-remida em outras creaturas humanas. A cristificação de Jesus é um precedente e uma porta aberta para a cristificação de outras creaturas humanas. Um ser humano disse "Está consumado", está realizada a tarefa da minha cristificação — e outros homens têm a possibilidade de consumar essa mesma tarefa de cristificação pelas núpcias místicas com o Verbo.

A parábola do pai que fazia as núpcias de seu filho tem uma perspectiva cósmica de infinita profundidade e amplitude...

Os convidados ao banquete
(Lc 14, 15-22)

Parábola do grande banquete. Ouvindo isto um dos convi- 15
vas, disse-lhe: "Feliz de quem se banquetear no reino de Deus!"
Tornou-lhe Jesus: "Um homem preparou um grande banquete 16
e convidou muita gente. Chegada a hora do banquete, enviou seu 17
servo a dizer aos convidados: Vinde, está pronto! Mas, todos a 18
uma começaram a escusar-se. Disse-lhe o primeiro: Comprei 19
uma quinta, e preciso ir vê-la; rogo-te me tenhas por escusado.
Outro disse: Comprei cinco juntas de bois, e vou experimentá-los;
rogo-te me tenhas por escusado. Um terceiro disse: Casei-me, e 20
por isso não posso ir.
Voltou o servo e referiu isto a seu senhor. Indignou-se o 21
dono da casa, e ordenou a seu servo: Sai depressa pelas ruas e
becos da cidade, e conduze-me aqui os pobres, os aleijados, os
cegos e os coxos.
Senhor — noticiou o servo —, está cumprida a tua ordem, e 22
ainda há lugar".

A futilidade das desculpas dos profanos em face das coisas divinas

A parábola dos Convidados ao Banquete forma a segunda parte da parábola da "Festa Nupcial" que um pai fez a seu filho.

O divino Esposo, o Cristo Cósmico, realizou as suas núpcias místicas com a natureza humana de Jesus de Nazaré. Na pessoa de Jesus encontrou o Cristo uma esposa inteiramente fiel, de maneira que nele a humanidade individual está perfeitamente remida. Mas em outras pessoas da natureza humana não encontrou o Cristo a mesma fidelidade. As excusas e pretextos que os convidados às núpcias crísticas alegam mostram os motivos por que estes convidados ao banquete espiritual não atenderam ao convite: estas pessoas humanas têm outros amores e outros amantes; não têm fidelidade ao Cristo Esposo.

As excusas ou pretextos desses infiéis continuam a ser os mesmos através dos séculos e milênios: propriedade *material*, prazeres *sensuais* e divertimentos *sociais* – esse panteão dos ídolos humanos impede a aceitação do convite ao banquete nupcial do Cristo.

A parábola do banquete régio e dos seus convidados focaliza magistralmente a mentalidade de todos os profanos de todos os tempos e países, mostrando as excusas e os pretextos fúteis com que os mundanos se recusam a aceitar o convite para entrarem no Reino de Deus aqui na terra.

O primeiro convidado pede que seja excusado de comparecer ao banquete porque comprou uma quinta e precisa ir vê-la.

Não será uma excusa mentirosa? Ninguém compra um sítio às cegas, sem o ter visto antes de o comprar.

O segundo pede seja excusado porque comprou cinco juntas de bois e vai experimentá-los.

Também esta excusa é mentirosa; ninguém compra cinco juntas de bois sem os experimentar antes de os comprar.

O terceiro nem sequer pede excusas, mas responde bruscamente que não pode comparecer porque se casou.

Este, pelo menos, não mentiu; não julga necessário pedir excusas por não aceitar o convite; casou-se, tem baile em casa, vai viajar em lua-de-mel — e como poderia ainda interessar-se por coisas espirituais?

Negócios agropecuários, prazeres carnais e divertimentos sociais — estas três coisas enchem de ídolos o panteão dos profanos, que não podem interessar-se por um ideal superior. Falta-lhes o sabor pelas realidades espirituais do Eu divino; as facticidades e futilidades do ego humano enchem toda a vida deles.

Em face dessa negação da parte dos ricos e gozadores, são convidados os pobres e sofredores de toda espécie — e estes aceitam de boa vontade o convite e comparecem ao banquete do Reino de Deus.

É experiência milenar que o homem satisfeito consigo mesmo não pode compreender as coisas espirituais; sofre do mal profundo de uma *infeliz satisfação* consigo mesmo. Para ter fome e sede do mundo superior, deve ele entrar na zona de uma *feliz insatisfação* consigo mesmo; deve sentir uma inquietude metafísica; deve sangrar duma dolorosa ego-vacuidade e suspirar por uma cosmo-plenitude.

Só depois daquela infeliz satisfação e após esta feliz insatisfação pode o homem entrar, finalmente, na nova e desconhecida dimensão de uma *feliz satisfação*.

Somente a ego-vacuidade preludia a cosmo-plenitude. O Reino de Deus não é para os *ego-plenos*, mas somente para os *ego-vácuos*; só estes serão plenificados pela Teo-plenitude.

"Bem-aventurados os que têm fome e sede da verdade, porque eles serão saciados."

"Bem-aventurados os pobres pelo espírito, porque deles é o Reino dos Céus."

"Bem-aventurados os que choram, porque eles serão consolados."

* * *

"Conduze aqui os pobres, os aleijados, os coxos, os cegos".

Aos olhos dos profanos, os homens espirituais são cegos, coxos, aleijados, pobres, o rebotalho da sociedade. Quem não corre atrás de bens materiais, prazeres carnais e divertimentos sociais é considerado um tolo, digno de compaixão. E foram precisamente estes que aceitaram de boa vontade o convite ao banquete régio.

No seu livro *Tao Te Ching*, diz o grande pensador chinês Lao-Tse, retratando a mentalidade dos profanos do seu tempo, e de todos os tempos:

> "Quem é iluminado por dentro,
> Parece escuro aos olhos do mundo.
> Quem progride interiormente,
> Parece ser um retrógrado.
> Quem é auto-realizado,
> Parece um homem imprestável.
> Quem segue a luz interna,
> Parece uma negação para o mundo.
> Quem se conserva puro,
> Parece um bobo e simplório.
> Quem é paciente e tolerante,
> Parece um sujeito sem caráter.
> Quem vive de acordo com o seu Eu espiritual,
> Passa por um homem enigmático".

O rico avarento e o pobre Lázaro
(Lc 16, 19-31)

Parábola do rico gozador e do pobre Lázaro. "Havia um 19
homem rico que se vestia de púrpura e linho finíssimo e se 20
banqueteava esplendidamente todos os dias. À sua porta jazia
um mendigo, de nome Lázaro, todo coberto de úlceras. De bom 21
grado se fartara com as migalhas que caíam da mesa do rico.
Vinham até os cães e lambiam-lhe as úlceras. Faleceu o mendigo, 22
e foi levado pelos anjos ao seio de Abraão. Morreu também o
rico, e foi sepultado. No Inferno ergueu os olhos, do meio dos 23
tormentos, e avistou ao longe a Abraão, e Lázaro no seio dele. E
pôs-se a clamar: Pai Abraão, tem piedade de mim e manda a 24
Lázaro para que molhe na água a ponta do dedo e me refrigere a
língua; porque sofro grandes tormentos nestas chamas.

Replicou-lhe Abraão: Lembra-te, meu filho, que passaste bem
durante a vida, enquanto Lázaro passou mal. Agora é ele conso- 25
lado aqui, e tu atormentado. Além disto, medeia entre nós e vós
um grande abismo, de maneira que ninguém pode passar daqui para 26
vós, nem daí para cá, ainda que quisesse.

Tornou aquele: Rogo-te, pai, que o mandes à minha casa pater-
na; tenho cinco irmãos; que os previna para que não venham 27
também eles parar neste lugar de tormentos. 28

Respondeu-lhe Abraão: Eles têm Moisés e os profetas: que
os ouçam. 29

Não, pai Abraão — replicou ele — mas, se um dos defuntos
for ter com eles, hão-de converter-se. 30

Disse-lhe Abraão: Se não dão ouvido a Moisés e aos profetas,
tão pouco acreditarão quando alguém ressuscitar dentre os mortos." 31

Enquanto o homem não se converte da sua maldade, continuam os males, com ou sem corpo material

Por demais conhecida é esta parábola. Um ricaço vivia luxuosamente no seu palacete, vestindo-se com os tecidos mais finos e banqueteando-se esplendidamente todos os dias.

À porta da sua residência jazia um pobre, coberto de chagas e meio-morto de fome. Ansiava por catar as migalhas que caíam da mesa do ricaço, mas ninguém lhas dava, e ele não podia mover-se para apanhá-las. Até os cães vinham lamber-lhe as feridas.

Morreu o pobre Lázaro — morreu de fome.

Algum tempo depois, morreu também o rico — morreu, provavelmente, de indigestão, porque quem se banqueteia esplendidamente todos os dias não pode ter vida longa.

O texto menciona que o rico "foi sepultado", certamente com música e discursos. Lázaro, provavelmente, não foi sepultado, mas jogado ao monturo. A Vulgata Latina diz que o ricaço foi "sepultado no inferno"; mas o texto original grego põe ponto depois da palavra "sepultado"; depois, em nova frase, diz: "No inferno levantou os olhos"; não os olhos físicos, que estavam enterrados, mas os olhos da consciência. Isto faz supor que o corpo físico seja uma espécie de tampão opaco, que não nos deixa enxergar nitidamente o que realmente somos. Parece que, depois da remoção desse tampão opaco, o homem enxerga melhor a sua realidade espiritual.

Segue-se então o estranho diálogo entre o rico no inferno e Abraão, representante do mundo espiritual, nas alturas. O rico, do meio dos seus sofrimentos, pede a Abraão que mande Lázaro refrigerar-lhe a língua com uma gotinha d'água para aliviar um pouco os terríveis sofrimentos nas chamas do inferno. Abraão, porém, nega-se a atender ao pedido, acrescentando que há um abismo entre os do inferno e os das alturas, de maneira que não há possibilidade de transição de cá para lá, nem de lá para cá.

Destas últimas palavras concluem muitos leitores a impossibilidade de uma conversão após a morte; que sem fim são os sofrimentos dos condenados ao inferno, como sem fim são os gozos dos habitantes celestiais.

Entretanto, convém notar que o texto não menciona com uma só palavra algo como "conversão" do sofredor; o que o rico pede é unicamente alívio das penas; não se mostra arrependido da sua vida pecaminosa; pensa apenas em como aliviar o seu mal, sem se converter da sua maldade. A sua mentalidade pecadora continua a mesma que foi durante a vida terrestre. Continua a ser pecador, um pecador sofredor, depois de ter sido um pecador gozador. O que ele pede não é possível, em face da inexorável justiça e justeza das leis cósmicas: enquanto durar a culpa, perdura a pena; enquanto existir a maldade, persiste o mal.

É este o intransponível "abismo" mencionado por Abraão.

O rico condenado por sua própria maldade não pede reencarnação para se converter numa nova vivência terrestre; pede apenas que Abraão mande Lázaro reencarnar, ou ressuscitar, a fim de prevenir seus cinco irmãos vivos, para que não venham a sofrer o que ele está sofrendo. Não pede que seus irmãos se convertam pela pregação de Lázaro redivivo; pede apenas que não venham a sofrer o mesmo mal, embora não renunciem às suas maldades. Abraão, porém, nega-se a atender ao pedido, porque sabe que não se converteriam — e sem conversão da maldade não há abolição do mal. Abraão fez ver que esses cinco pecadores em corpo material não estão com vontade de se converterem, nem que um defunto redivivo lhes falasse.

Este paralelismo com os cinco irmãos, farinha do mesmo saco, bem mostra que o pecador defunto continuava pecador impenitente no além, como os cinco impenitentes no aquém.

Essa pretensa dissociação entre culpa e pena, entre causa e efeito, entre maldade e mal, é absolutamente impossível em face das leis cósmicas. E, por esta razão, há entre uns e outros um "grande abismo", sem nenhuma possibilidade de transição de cá para lá, nem vice-versa. Esse abismo intransponível não é creado por Deus, mas é cavado pelo próprio homem. Deus não fez nenhum céu, nem fez um inferno para o homem. É o livre-arbítrio humano que crea o céu e o inferno. Céu e inferno não são lugares além-túmulo; céu e inferno são estados da consciência creados pelo homem.

"O Reino dos Céus está dentro de vós" — e o reino do inferno também pode estar dentro do homem. A mentalidade dum defunto é a mesma, depois da morte, que foi durante a vida. O pecador impenitente continua a ser pecador após-morte, enquanto persistir na sua mentalidade pecadora. Foi-se o invólucro material, mas persiste a impenitência mental. Nenhuma morte, nem muitas mortes, podem matar o mentalismo pecador, enquanto o livre-arbítrio antiespiritual se mantiver vivo. "Do mundo dos fatos — escreve Einstein — não conduz nenhum caminho para o mundo dos valores". O fato da morte material não destrói o valor negativo do materialismo mental. O pecador que, na matéria, foi pecador, não deixa de ser pecador fora da matéria. O materialista gozador se converte num materialista sofredor; continua a ser materialista pecador. E por isto há um abismo entre nós e vós, entre materialismo e espiritualismo.

E, se um materialista sem matéria continuar impenitente no seu materialismo, é bem possível que o poder do seu mentalismo materialista acabe por rematerializar o seu corpo — e recomeça o velho círculo vicioso: o materialista volta ao seu céu material por mais meio século — e assim por diante, 10 vezes, 50 vezes, 100 vezes, reencarnando, enquanto não se converter do seu mentalismo materialista.

Não é o sofrimento como tal, nem é a rematerialização como simples fato que leva o homem à espiritualidade, como bem prova o caso do materialista sofredor da parábola. O que redime o homem do seu materialismo, gozador ou sofredor, é uma nova vivência espiritual. Esta vivência, porém, não provém de uma nova materialização, ou reencarnação; essa nova vivência nasce de uma total mudança em seu livre-arbítrio. Valores não são causados por fatos, um único valor não vem de 100, nem de 1000 fatos. Somente um novo compreender, um novo querer, um novo viver é que podem redimir o homem das suas maldades, e, finalmente, também dos seus males.

A parábola do rico avarento e do pobre Lázaro encerra uma inteira metafísica de Filosofia Cósmica, que convém focalizar mais profundamente.

Há quem pense que o sofrimento seja fator de redenção. Nenhum sofrimento como tal redime o homem, mas é a atitude do homem em face do sofrimento que o pode redimir. O sofrimento pode levar o homem ao desespero e ao suicídio, como aconteceu com Judas Iscariotes, que sofreu, arrependeu-se, mas não se converteu.

No meu livro *Porque Sofremos*, dividi os sofredores em três classes: a retaguarda dos *revoltados*, o exército dos *conformados*, e a vanguarda dos *regenerados*. Só este último grupo se aproveitou do sofrimento para sua purificação. O segundo grupo não melhorou nem piorou; o primeiro grupo piorou com o sofrimento.

O sofredor da parábola não se converteu com todos os seus

sofrimentos, não porque não pudesse, mas porque não quis. E ele podia querer, pois o livre-arbítrio persiste enquanto a alma existe; o livre-arbítrio é atributo do espírito, e não da matéria. A alma sem corpo material pode converter-se, quando quiser, e pode também não converter-se.

Se para a conversão for necessário o sofrimento, não faltará oportunidade aos desencarnados para sofrer, porquanto a zona do sofrimento é precisamente o mundo astral. Pelo menos neste ponto têm razão as teologias em localizarem o inferno e o purgatório no mundo astral. Nem na vida presente é, propriamente, o corpo material que sofre, mas sim o corpo astral do homem.

A idéia de que a alma sem corpo físico entra num estado de "congelamento", ou "cristalização" imutável, é por demais absurda para ser tomada a sério.

A parábola fala do "abismo" entre os livremente convertidos e os livremente pecadores. E enquanto alguém for pecador não pode esperar libertação definitiva do sofrimento.

Aqui temos uma verdadeira apoteose das imutáveis leis cósmicas.

Aqui estamos diante do mistério do livre-arbítrio.

O homem é o creador do seu céu — ou do seu inferno...

O joio no meio do trigo
(Mt 13, 24-30)

Parábola do joio. Propôs-lhes ainda outra parábola: "O reino 24
dos céus é semelhante a um homem que semeou boa semente no
seu campo. Mas, quando a gente dormia, veio seu inimigo e 25
semeou joio no meio do trigo, e foi-se embora. Quando, pois,
acresceu o trigo e começou a espigar, apareceu também o joio. 26
Chegaram-se então os servos ao dono da casa e lhe perguntaram: 27
Senhor, não semeaste boa semente no teu campo? donde lhe
vem, pois, o joio?

Foi o inimigo que fez isto — respondeu-lhes ele. 28

Perguntaram-lhe os servos: Queres que vamos e o colhamos?

Não — replicou ele —, para que, colhendo o joio, não 29
arranqueis com ele também o trigo. Deixai crescer um e outro até 30
à colheita; e no tempo da colheita direi aos ceifadores: Colhei
primeiro o joio e atai-o em molhos para o queimar; o trigo, porém,
recolhei-o no meu celeiro".

Todo homem tem o direito a realizar-se até o fim do seu ciclo evolutivo

Como outras parábolas, é também esta flagrantemente paradoxal, se focalizarmos apenas o seu símbolo material. Imagine-se um fazendeiro que semeasse trigo, ou outra semente qualquer, em seu campo, e proibisse os trabalhadores de arrancarem o "mato", as ervas daninhas que aparecessem no meio da plantação!

Mas, como o principal de uma parábola não é o símbolo material, e sim o simbolizado espiritual, a proibição de arrancar o joio do meio do trigo contém uma filosofia cósmica de grande profundeza e sublimidade.

O campo é o mundo da humanidade.

O trigo são os bons.

O joio são os maus.

Tanto estes como aqueles são o que são graças ao uso ou abuso do seu livre-arbítrio. Deus não fez nenhum homem moralmente bom nem mau; Deus dá a cada um a possibilidade de se fazer bom ou mau. Todo homem pode fazer-se melhor ou pior do que Deus o fez. O homem sai das mãos de Deus em estado *neutro*, apenas potencialmente bom e potencialmente mau. Um ser dotado de livre-arbítrio não pode ser creado atualmente bom nem atualmente mau, o que seria a negação do livre-arbítrio.

Esta neutralidade contém em si a semente, ou potencialidade, para uma creatividade boa ou má; a brotação, ou atualização, dessa dupla potencialidade corre por conta do homem. Onde há livre-arbítrio não há auto-inatismo compulsório.

No mundo infra-hominal não existe essa bipolaridade potencial; o mundo mineral, vegetal, animal, acha-se num permanente e imutável automatismo: nenhum ser infra-hominal pode tornar-se moralmente bom nem moralmente mau. O livre-arbítrio põe o homem numa bifurcação positiva-negativa; o livre-arbítrio é o maior privilégio do homem — e também o seu maior perigo. O livre-arbítrio entrega ao homem as chaves do céu e do inferno, da luz e das trevas, do ser-bom e do ser-mau.

Deus respeita incondicionalmente o livre- arbítrio do homem, tanto para o bem como para o mal. Deus não obriga ninguém a ser bom, e não impede ninguém de ser mau. Jesus não impossibilitou a Judas Iscariotes ser traidor e suicida — nem forçou Madalena a se converter.

Pelo livre-arbítrio possui o homem uma creatividade, positiva ou negativa. E é vontade de Deus que o homem desenvolva até o fim este seu poder creador; que tenha plena e permanente liberdade de evolução rumo às alturas, ou então rumo ao abismo.

Ora, se o próprio Deus não impede o homem em sua evolução positiva ou negativa nem extermina nenhum mau por ser mau, como poderia o homem fazer o que Deus não faz? Verdade é que o próprio homem livremente mau pode auto-exterminar-se, se não se tornar bom antes do termo final do seu ciclo evolutivo; mas esse extermínio não deve vir de fora dele.

Tamanha é a insipiência de certos homens que tentam arrancar o joio do meio do trigo para que morram todos os maus e sobrevivam tão-somente os bons — os bons matadores! Segundo essa filosofia, devia a terra ser habitáculo exclusivo dos *bons matadores*, livre e limpo dos maus *matados*.

Se é grande a boa vontade desses "bons", nula é a sua sabedoria.

O Evangelho do Cristo, porém, é a apoteose da suprema sabedoria cósmica; quer um ser-bom por espontânea liberdade, e não um ser-bom por compulsória necessidade. O homem deve ser intrinsecamente bom em virtude de um querer próprio, e não apenas extrinsecamente bom por um querer alheio. O seu ser-bom deve ser o fruto de um voluntário *querer*, e não de um compulsório *dever*. O homem deve ter todas as possibilidades para ser mau — e, apesar disto, ser bom, livre, liberrimamente bom.

Mas, dirá alguém, neste caso o mau tem os mesmos direitos que o bom, e se há igualdade de direitos de parte a parte, que vantagem há em ser bom? Não equivale isto a matar todo estímulo para ser bom? Não é isto a morte de toda pedagogia e educação espiritual?

Esta falsa filosofia, através de séculos e milênios, tem tentado exterminar os maus e fazer sobreviver somente os bons; Cruzadas e Inquisições, guerras de religião, ódios sectários, violências de toda a espécie margeiam o caminho do nosso cristianismo de quase 2000 anos, isento da verdadeira sabedoria do Cristo.

Não é verdade que o *destino* dos bons e dos maus seja o mesmo, embora todos tenham os mesmos *direitos* de realizar livremente o seu destino.

O destino de uns e outros é diametralmente oposto: vida eterna — ou morte eterna; integração — ou desintegração; realização — ou desrealização. Os bons se auto-realizam — os maus se autodesrealizam. Ninguém tem o direito de impedir que alguém se realize pelo bem — ou se desrealize pelo mal.

Mas, perguntará alguém, para que serve então a nossa pedagogia? Se eu não posso fazer o bem a ninguém, para que esse desperdício de esforços educativos e moralizadores?

Verdade é que ninguém pode obrigar alguém a ser bom — mas o educador pode facilitar a seu educando tornar-se bom. O educador não pode *causar* o ser-bom para seu educando — mas pode *condicioná-lo* a ser bom, pode mostrar-lhe o caminho, pode remover obstáculos que atravancam o caminho e assim facilitar a passagem a seu educando.

Mas nunca, em hipótese alguma, pode o educador, por melhor que seja, ter a certeza de que os seus esforços convertem o educando. Perante o livre-arbítrio alheio, nada é previsível; pode o melhor dos educadores ter zero resultado com o seu educando — assim como Jesus teve zero resultado com Judas.

Em face do livre-arbítrio alheio, tudo é possível, nada é impossível, nada é previsível. O livre-arbítrio não é uma cadeia de elos onde o elo precedente obrigue o elo subseqüente a mover-se; o livre-arbítrio é um elo isolado e autônomo, independente de qualquer causador externo; não é *alo-causado* — é *autocausante*. A única coisa certa que o educador pode e deve fazer é auto-educar a sua própria *substância* a tal ponto que nenhuma *circunstância* alheia o torne vaidoso quando o resultado for positivo, nem o torne frustrado quando o resultado for negativo.

Se um educador, auto-educado, atingir essa libertação total de si mesmo, essa total desescravização de toda e qualquer vaidade complacente em face de sucessos externos, e essa total serenidade em face de insucessos externos — então é ele um poderoso fator para crear auras propícias que facilitem outros homens a serem bons. Um homem assim pleniliberto de qualquer tirania do ego, não derrotado pela vaidade do sucesso nem pela tristeza do insucesso — esse homem é um gigantesco acumulador de energia espiritual, quer o saiba quer não o saiba. E, como nenhuma energia se perde, e todas as energias se transformam, essas energias espirituais por ele acumuladas irradiam beneficamente e podem ser captadas por outros seres livres, conhecidos ou desconhecidos, próximos ou distantes, presentes ou futuros, no planeta terra ou em alguma longínqua galáxia cósmica — e então esse homem é um grande benfeitor da humanidade telúrica ou de outras humanidades. Esse homem atua por *indução*, como diríamos em física, atua por transferência de energias invisíveis.

Neste sentido dizia Mahatma Gandhi: "Quando um único homem atinge a plenitude do amor, neutraliza o ódio de muitos milhões".

"O único modo de fazer bem aos outros é ser bom" (Ramana Maharishi).

A parábola não diz que Deus extermina o joio, os maus, mas estes se exterminam a si mesmos pela não integração na lei cósmica. Onde impera a onipotência do livre-arbítrio é possível tanto a integração do indivíduo no Universal como também a sua desintegração, que no Evangelho se chama "morte eterna". É um dos mais funestos erros tradicionais da nossa teologia afirmar que a alma humana é *imortal*, quando ela é apenas *imortalizável*. Nenhuma creatura é imortal; imortal é somente o Creador; as creaturas ou são mortais ou imortalizáveis.

Os que ainda pensam em termos de um Deus pessoal, individual, não se conformarão com esta verdade. Mas o Evangelho do Cristo, como também as grandes filosofias da humanidade, sabem que Deus não é uma entidade individual; Deus é a lei cósmica universal. Os que voluntariamente se integram nessa lei se imortalizam — os que voluntariamente não se integram nela se desintegram, ou se auto-exterminam.

Casa sobre rocha – casa sobre areia
(Mt 7, 24-28)

Parábola do edifício. Todo aquele, pois, que ouve estas mi- 24
nhas palavras e as põe por obra assemelha-se a um homem sensato 25
que edificou sua casa sobre rocha. Desabaram aguaceiros, trans-
bordaram os rios, sopraram os vendavais e deram de rijo contra
essa casa; mas ela não caiu porque estava construída sobre rocha.
E todo aquele que ouve estas minhas palavras e não as põe 26
por obra, parece-se com um homem insensato que edificou sua 27
casa sobre areia. Desabaram aguaceiros, transbordaram os rios,
sopraram os vendavais, dando de rijo contra essa casa, e ela caiu,
e foi grande a sua queda.
Quando Jesus terminou este sermão, estava todo o povo 28
arrebatado da sua doutrina; porque ensinava como quem tem
autoridade, e não como seus escribas.

A suprema sapiência do homem não está em ouvir apenas a Verdade, mas em realizá-la na sua vida

Depois de proferir o grandioso manifesto espiritual chamado Sermão do Monte, concluiu o Mestre com a seguinte parábola: "Todo aquele que ouve estas minhas palavras e as realiza, assemelha-se a um homem sábio que edificou sua casa sobre rocha. Desabaram aguaceiros, transbordaram os rios, sopraram os vendavais e deram de rijo contra esta casa – mas ela não caiu, porque estava construída sobre rocha. E todo aquele que ouve estas minhas palavras e não as realiza, parece-se com um homem insensato que edificou sua casa sobre areia. Desabaram aguaceiros, transbordaram os rios, sopraram os vendavais, dando de rijo contra esta casa — e ela caiu, e foi grande a sua queda".

Em resumo: a alma e quintessência de toda sabedoria e felicidade da vida consiste em "realizar" as grandes verdades, e não somente em "ouvi-las".

Quem apenas ouve, mas não realiza o que ouviu, é um "homem insensato"; quem ouve e realiza é um "homem sábio".

Quer dizer, a diferença fundamental entre insensatez e sabedoria está em ouvir sem realizar e, por outro lado, em realizar o que se ouviu.

Pergunta-se o que quer dizer "realizar". Filologicamente falando, realizar quer dizer tornar real o que não era real. A palavra grega que está no Evangelho para indicar esse realizar é o verbo *poiéo*, que significa "crear". É também o radical de poesia, poeta, poema. É ainda a mesma palavra que o livro do Gênesis usa quando descreve a creação do mundo (em hebraico: *barah*), que traduzimos por *fazer* ou *crear* (*não criar*)! O substantivo derivado do verbo *poiéo* é *poiema*, e o processo de crear é *poiesis*; o fator ou realizador desse *poiema* é o *poietés* (poeta).

Não se trata, portanto, de transformar algo já existente, dando-lhe apenas uma nova forma; não é pôr "remendo novo em roupa velha"; mas trata-se de um poder creador que realiza algo que antes não era *real*, senão apenas *realizável*.

O livre-arbítrio é uma força creadora; graças a essa creatividade, pode o homem realizar em si o que antes não existia. A ilustração clássica para esta creatividade, para esta *poiesis*, ou para esta *poiema*, é a parábola dos talentos, onde os dois primeiros servos — os "servos bons e fiéis" — realizaram o dobro do que haviam recebido do seu Senhor; atualizaram a sua potencialidade; realizaram o "pouco" da sua creaturidade no "muito" da sua creatividade — porque foram fiéis no "pouco" da potencialidade foram constituídos sobre o "muito" da atualidade e entraram no gozo de seu Senhor.

Esses servos bons e fiéis, poetas creadores, realizaram o poema cósmico da sua auto-realização pelo poder da creatividade do seu livre-arbítrio.

Voltando ao nosso ponto de partida: Jesus faz consistir a suprema sabedoria do homem no fato de ele realizar, pela creatividade do seu livre-arbítrio, aquilo que ouviu e compreendeu como sendo a Verdade. O homem auto-realizado é, pois, um poeta, um creador, e sua realização é um poema, uma "factura" ou um feito creador.

Como se vê, Jesus não entende por fazer ou realizar, em primeiro lugar, a produção de *algo* fora do homem, no mundo externo e visível dos objetos circunjacentes; ele se refere, em primeiro lugar, à creação do *alguém* interno, do Eu espiritual, invisível, à realização do sujeito pela conscientização: "Eu e o Pai somos um; as obras que eu faço, é o Pai em mim que as faz".

O homem que deste modo se realiza é um místico dinâmico, um gênio. Um escritor moderno diz que a tarefa principal que o homem tem de realizar aqui na terra é "dar à luz a si mesmo". A auto-realização é o que a palavra diz: uma autocreação, e o homem auto-realizado é um poema. Assim como Deus creou o poema do cosmos sideral, assim pode o homem crear o poema do seu cosmos hominal. O *fiat lux* é creador, não somente no mundo objetivo, mas também no mundo subjetivo: não somente transforma o caos em cosmos, mas também o ego em Eu, o homem egocêntrico no homem teocêntrico.

Isto é o *poiéo* creador do homem que sabe e saboreia intimamente a sapiência do Sermão do Monte, realizando-a creativamente em sua Cristo-vivência: "Já não sou eu que vivo, é o Cristo que vive em mim".

Esse homem edificou a casa da sua vida sobre a rocha viva da Verdade; a Verdade plenamente vivida gera a Liberdade, e da Liberdade nasce a Felicidade.

De maneira que essas palavras com que o Mestre encerra a sua proclamação do Reino de Deus no homem representam uma síntese de todo o Evangelho.

O homem profano, o homem externo, dá a máxima importância ao seu agir periférico, aos seus atos intermitentes, descuidando-se do seu Ser central, da sua atitude permanente. Edifica a casa da sua vida sobre a movediça areia de ruidosas atividades materiais, sociais e intelectuais; a sua vida se parece em tudo com uma enorme quantidade de grãozinhos de areia, justapostos, desconexos, sem nenhuma coesão interna; toda a sua vida é uma vasta heterogeneidade quantitativa sem nenhuma homogeneidade qualitativa.

A vida do homem cristificado, porém, é como rocha viva, como um bloco monolítico de solidez e coesão homogênea; há nele uma logicidade unitária e retilínea; há um ideal supremo em sua vida para o qual convergem todas as linhas da sua atividade.

O profano panteão dos ídolos do seu velho ego humano foi transformado no santuário sacral do seu novo Eu divino. A sua consciência mística transbordou em vivência ética. A profunda vertical do seu Ser se espraiou na vasta horizontal de um Agir, e todos os atos vários do seu ego obedecem à atitude única do seu Eu.

O homem que não somente ouviu, mas saboreou e realizou creativamente as palavras da verdade entrou numa nova dimensão de consciência e de vivência – ou melhor, saiu de todas as dimensões e durações de tempo e espaço e entrou na zero-dimensão e na zero-duração do Infinito e do Eterno. Não pôs "remendo novo em roupa velha" mas fez-se nova creatura em Cristo.

E, graças à nova consciência do seu Eu crístico, também se transfiguraram todas as suas vivências no setor do seu ego humano, individual, doméstico, social.

Tal é o poema, a epopéia cósmica do homem que não só ouviu as palavras de Jesus, mas realizou em si o espírito do Cristo.

Remendo novo em roupa velha — vinho novo em odres velhos
(Mt 9, 14-17)

A questão do jejum. Então foram ter com ele os discípulos 14
de João e lhe perguntaram: "Por que é que nós e os fariseus jejuamos, ao passo que os teus discípulos não a jejuam?"
Respondeu-lhes Jesus: "Podem, acaso, ficar de luto os convi- 15
dados às núpcias, enquanto está com eles o esposo? Mas lá virão dias em que lhes será tirado o esposo; então, sim, hão-de jejuar.
Ninguém põe remendo de pano cru em vestido velho; senão, o 16
remendo arranca parte do vestido e fica pior o rasgão.
Nem se deita vinho novo em odres velhos; do contrário, 17
rebentam os odres, vaza o vinho e perdem-se os odres. Não, o vinho novo deita-se em odres novos, e ambos se conservam".

O homem deve agir por convicção interna, e não apenas por convenções externas

Certo dia, os zeladores da lei mosaica incriminaram Jesus e seus discípulos pelo fato de não jejuarem em dia prescrito pelas usanças da Sinagoga. E o Mestre lhes replicou por meio de uma parábola corriqueiramente genial, dizendo:

"Ninguém põe remendo novo em roupa velha, porque o remendo de pano novo, contraindo-se, arrancaria parte da roupa velha, e ficaria pior o rasgão".

Esta parábola, como a do fermento, é, certamente, uma reminiscência da modesta casinha de Nazaré, onde Jesus passou a sua juventude; a referência ao remendo novo em roupa velha faz lembrar a cestinha de costuras de Maria, quando remendava a roupa de trabalho de José. Ela não usava um pedaço de tecido cru, ainda não lavado, para consertar um rasgão em roupa velha, já puída pelo uso, porque o pano novo encolheria depois, alargando o rasgão da roupa velha. Para consertar roupa velha convém usar pano velho.

A mensagem do Nazareno é algo como veste nova, ao passo que as tradições da Sinagoga, que mandam jejuar em tal e tal dia do calendário vigente, são roupa velha: ele e seus discípulos jejuarão, certamente, não por motivos externos de tradições humanas, mas por algum impulso interno.

E, para reforçar esta mesma idéia, Jesus acrescenta outra comparação, que lembra o bazar de algum negociante de vinhos, num dos becos da cidadezinha de Nazaré:

"Ninguém deita vinho novo em odres velhos porque o vinho novo (fermentando) rompe os odres velhos, e perdem-se tanto os odres como o vinho; vinho novo se deita em odres novos".

O vinho novo da mensagem do Cristo não cabe nos odres velhos das usanças da Sinagoga, mas deve crear seus veículos próprios.

Um homem genial pode recorrer a comparações triviais, sem medo de amesquinhar sua genialidade — ao passo que um homem de talento medíocre deve evitar meticulosamente comparações vulgares, a fim de não se desacreditar.

Até hoje, é costume no Oriente Médio guardar e transportar vinho e outros líquidos em odres feitos de pele de animal.

Com estas duas comparações responde Jesus espirituosamente à incriminação dos adeptos da lei mosaica, escandalizados com a não-observância do jejum ritual em dias prescritos pelo calendário da Sinagoga. Com isto põe ele o espírito da lei acima da letra da lei; Jesus não é contra a prática do jejum, mas faz ver que o verdadeiro motivo da abstinência não reside em alguma convenção externa, mas deve nascer da convicção interna. Os seus discípulos também jejuarão "quando lhes for tirado o Esposo", quando se sentirem espiritualmente desolados, sem a consciência da presença do Cristo interno; então, para reaverem a consciência da plenitude espiritual, recorrerão ao jejum, mas não por estar prescrito, preto sobre branco, em algum pedaço de papel.

Estas palavras do Mestre nos põem em face da momentosa pergunta: que relação existe entre a *vacuidade do estômago* e a *plenitude do espírito*?

O cristianismo dos nossos dias revela, geralmente, estranha incompreensão em face do jejum. Uns consideram essa prática como relíquia obsoleta de superstição medieval; outros vêem no jejum uma tentativa de comover Deus para nos perdoar os pecados em face dessa mortificação.

Entretanto, em todos os tempos e países, dentro e fora do cristianismo, foi praticado o jejum, não só por motivos materiais e terapêuticos, mas, sobretudo, por razões de caráter espiritual.

Jesus afirma que certa espécie de espíritos maus só se expulsa à força de jejum e oração.

Ele mesmo jejuou durante 40 dias no deserto.

No cristianismo dos primeiros séculos era praticado assiduamente o jejum com oração. Antes de mandarem aos países pagãos os primeiros missionários, Barnabé e Saulo, referem os "Atos dos Apóstolos", estabeleceram os chefes espirituais um período de jejum e oração — e o Espírito Santo lhes revelou a quem deviam mandar.

Médicos e terapeutas modernos recomendam o jejum controlado para fins de saúde. Os próprios animais, quando doentes, praticam jejum e abstinência para se curarem.

Entretanto a questão precípua para nós é saber qual a relação secreta que vigora entre jejum e espiritualidade. Que é que a vacuidade estomacal tem que ver com a plenitude espiritual?

Um dos campeões do jejum no nosso século foi Mahatma Gandhi. Quando esse chefe religioso e político da Índia realizava longos períodos de jejum, diziam certos ignorantes eruditos da nossa imprensa que Gandhi ameaçava suicidar-se, caso os ingleses invasores e os hindus rebeldes não obedecessem às suas ordens — este absurdo se atribuía a um homem da mais intransigente *ahimsa* (não-violência), que nem sequer admitia a matança de um animal. Gandhi, graças à sua profunda intuição, conhecia outras bases para o seu jejum, como fiz ver no meu livro *Mahatma Gandhi*. Tentemos descobrir a secreta relação entre jejum e espiritualidade.

As calorias extraídas dos alimentos ingeridos e assimilados podem ser submetidas a uma elaboração e potencialização ulterior e utilizadas para fins superiores, suposto que sejam cumpridas duas condições:

1 — a suspensão de novas calorias provindas da digestão (jejum);

2 — a sujeição das calorias antigas ao impacto de um poder superior (orações).

Todos os Mestres recomendam "jejum com oração", porque sabem que não é o simples fato físico do jejum que resolve o problema, mas sim a abstenção de alimentos mais o impacto do espírito, que se chama oração ou meditação. Jesus passou 40 dias no deserto em "oração e jejum".

Segundo a nossa física, nenhuma energia se perde, mas todas as energias são constantes e se transformam umas em outras: "Nada se crea, nada se aniquila, tudo se transforma" (Lavoisier).

E por que não aplicaríamos à metafísica esta lei da física? Porque não valeria no mundo supramaterial essa lei da constância das energias materiais?

Abster-se voluntariamente da ingestão de alimentos exige grande voltagem espiritual. O homem material obedece tiranicamente às exigências estomacais; para se opor a essa tirania material pela soberania espiritual, requer-se uma intensificação desta soberania espiritual, que reside no livre-arbítrio. Necessidade e liberdade estão em pólos diametralmente opostos. A liberdade cresce na razão direta em que a necessidade decresce. O espírito pode impor-se à matéria; pode reduzir a 50% os 100% das tiranias do corpo; e os 50% de redução material podem ser utilizados para fins espirituais.

Quando as calorias, já existentes no corpo, são submetidas a um impacto espiritual (oração, meditação), essas calorias passam por uma progressiva intensificação e sublimação; a quantidade se transforma em qualidade; a amperagem se dinamiza em voltagem. O nosso espírito tem um poder creador; espiritualiza o material.

"Jejum com oração" é um processo rigorosamente científico, ultracientífico; é a lei da constância e transformação das energias. Em última análise as leis da física são as leis da metafísica, apenas com a diferença de que estas são aplicadas num nível superior, numa nova dimensão.

O livre-arbítrio é um poder creador e transformador.

Jesus e todos os Mestres espirituais conheciam e usavam esse poder, que deve nascer de dentro do centro espiritual do homem.

O fermento
(Mt 13, 33-35; Lc 13, 20-21)

O fermento. Propôs-lhe ainda outra parábola: "O reino dos 33
céus é semelhante a um fermento, que uma mulher tomou e
meteu em três medidas de farinha, até ficar tudo levedado".
Tudo isto dizia Jesus ao povo em parábolas, e não lhe falava 34
senão por parábolas, vindo a cumprir-se, assim, a palavra do
profeta: "Abrirei os meus lábios, propondo parábolas; revelarei o 35
que estava oculto desde a criação do mundo".

A experiência mística transforma todas as vivências profanas

Esta parábola abrange apenas duas ou três linhas. Nasceu, certamente, na cozinha da modesta casinha de Nazaré, onde Maria preparava a massa de farinha para o pão do dia seguinte; e o jovem carpinteiro acompanhava, interessado e curioso, todo o processo. Durante a noite, um punhadinho de fermento vivo levedou grande massa de farinha, fazendo-a crescer, crescer — até que toda a massa compacta se transformasse na massa leve e porosa para o pão do dia seguinte.

E logo surgiu na alma intuitiva de Jesus o *simbolizado espiritual* correspondente a esse *símbolo material*. Não era isto mesmo que aconteceria com o fermento sagrado do Reino de Deus que ele ia lançar na massa da humanidade profana?

O fermento atua lentamente, silenciosamente, constantemente, de dentro para fora. Ninguém vê a causa invisível dos efeitos visíveis. A qualidade permeia totalmente as quantidades. Do invisível vem o visível.

O fermento é o elemento divino no homem que os hindus chamam *Atman*, os livros sacros *Alma*, a nossa filosofia designa pelo Eu *central*, e Jesus denomina o "Reino de Deus no homem".

As três medidas de farinha simbolizam os três aspectos do ego humano: material, mental e emocional.

Para que haja transformação do ego pelo Eu, do homem profano pelo homem sacro, deve haver contacto direto entre esses invólucros periféricos da natureza humana e seu conteúdo central; deve haver uma interpenetração entre o seu Eu divino e seus egos humanos. O homem profano, que só conhece o ego e ignora o Eu, não pode levedar-se por si mesmo. O homem místico, que aceita o Eu e rejeita o ego, não pode transformar este, por falta de contacto; pode intensificar o fermento espiritual, mas não transforma os elementos do ego hominal. O homem cósmico, porém, permeia as três medidas do ego humano pelo fermento do Eu divino; verificará uma paulatina transformação da vida externa pela vitalidade da essência interna. Em vez de um resignado conformismo, ou de um fugitivo escapismo, realiza o homem crístico uma total transformação da sua natureza.

Quando falamos na necessidade de *contacto* entre o fermento e a massa de farinha, não nos referimos a um contacto material ou social. Por via de regra, o contacto externo é inversamente proporcional ao contacto interno; um homem social e sociável é, geralmente, incapaz de carregar devidamente a sua bateria espiritual; enquanto ele não cortar os fios-terra da sua permanente dispersividade, não acumulará energia espiritual e não beneficiará os homens. Somente um homem *solitário* em Deus pode ser proveitosamente *solidário* com os homens.

Daí, a imperiosa necessidade de profunda e diuturna meditação e de prolongado retiro espiritual.

É ilusão de muitos profanos pensar que um místico, vivendo em longínqua e ignota solidão, não tenha contacto real com a humanidade. As invisíveis auras espirituais de um verdadeiro místico ou homem auto-realizado, mesmo que ninguém saiba de sua existência, atuam poderosamente sobre outros homens, suposto que estes sejam receptíveis para esse recebimento de fluidos espirituais. E esses fluidos invisíveis atuam a qualquer distância. O contacto real não é necessariamente material nem social. Aliás, a nossa própria ciência já não identifica o real com o material; muitas vezes o real é totalmente imaterial. Uma vibração aérea produzida por um agente material, como a voz humana, morre a pouca distância, ao passo que uma vibração eletrônica, totalmente impeceptível, atravessa espaços imensos, vai até à Lua e além.

Basta que um homem eleve à mais alta voltagem o fermento da sua espiritualidade — e beneficiará a todos os beneficiáveis. Um receptor de rádio não tem necessidade de saber onde se acha a estação emissora; esta lança as suas ondas eletrônicas em todas as direções, e qualquer receptor devidamente afinado pela freqüência do emissor receberá a irradiação.

É importante que haja estações de alta voltagem espiritual na humanidade — e todos os homens devidamente afinados serão beneficiados por esses emissores místicos, embora totalmente desconhecidos. Neste sentido escreveu Mahatma Gandhi:

"Quando um único homem chega à plenitude do amor, neutraliza o ódio de muitos milhões".

No mundo da metafísica e da mística vale a mesma lei que a ciência conhece no mundo da física. Nenhuma energia se perde — todas as energias se transformam.

A torre e a empresa bélica
(Lc 14,25-35)

Cristianismo integral. Seguiam-no grandes multidões. 25
Voltou-se Jesus e disse-lhes: "Se alguém vier a mim, mas não 26
odiar seu pai e sua mãe, mulher e filhos, irmãos e irmãs, e ainda a 27
si mesmo, não pode ser meu discípulo. Quem não carregar a sua
cruz e me seguir, não pode ser meu discípulo.
Quando algum de vós quer edificar uma torre, não se senta 28
antes para calcular se dispõe dos meios necessários para a obra? 29
Pois, se lançar os alicerces e não puder terminar a obra, toda a
gente que o vir zombará dele, dizendo: Esse homem começou 30
uma construção, e não a pôde levar a termo.
Ou quando um rei quer empreender uma guerra contra outro 31
rei, não se senta antes para deliberar, se com dez mil homens
pode sair a campo contra quem vem atacá-lo com vinte mil? No 32
caso contrário, mandará uma embaixada, enquanto o outro ainda
está longe, solicitando convênios de paz.
Do mesmo modo, não pode nenhum de vós ser meu discípu- 33
lo, se não renunciar a tudo quanto possui.
O sal é coisa boa. Mas, se o sal se desvirtuar, com que se há 34
de temperá-lo? não presta nem para terra nem para estrume; mas
é lançado fora. Quem tem ouvidos para ouvir, ouça!" 35

Pela renúncia voluntária a todos os teres realiza o homem o seu Ser

Entre os seguidores de Jesus havia muitas pessoas de boa vontade, dispostas a serem virtuosas — mas havia poucos sapientes, dispostos a se desapegarem de todo e qualquer apego ao ego humano para se entregarem sem reservas ao Eu divino.

A esses discípulos medíocres, indecisos, vacilantes, propõe o Mestre duas pequenas parábolas para mostrar que, com essas meias-medidas, não alcançariam a meta suprema, a redenção ou auto-realização.

Como muitas outras parábolas, também estas duas, referentes à construção de uma torre e ao empreendimento bélico, são flagrantemente paradoxais, incompreensíveis à luz do nosso ego humano. Quando alguém quer construir uma torre — digamos, um arranha-céu de trinta andares — não deve começar a construção sem primeiro fazer um orçamento cuidadoso, calculando se tem os recursos suficientes para terminar o edifício; do contrário, terá de deixar a obra inacabada, com grandes prejuízos e, ainda por cima, expõe-se ao escárnio dos vizinhos, que o tacharão de inepto e tolo.

Ou, se alguém resolver declarar guerra a outro país, deve calcular primeiro se, com dez mil soldados, pode sair ao encontro de um exército de vinte mil; do contrário, depois de iniciar a guerra, e vendo-se inferior ao inimigo, será obrigado a solicitar convênios de paz, que, como se sabe, são sempre humilhantes e desastrosos para o derrotado.

Até aqui, Jesus falou como um verdadeiro perito em assuntos financeiros e como um estrategista em assuntos militares. Tem-se mesmo a impressão de ouvir falar um moderno Rockefeller ou Eisenhower. E o leitor de nossos dias esperaria que o Mestre prosseguisse na mesma linha de lógica e perícia, recomendando ao construtor da torre que arranjasse o dobro ou triplo do dinheiro para terminar o seu arranha-céu inacabado; esperaríamos que aconselhasse ao general do exército de dez mil soldados que duplicasse o efetivo das suas forças militares, para poder derrotar o inimigo que dispõe de vinte mil soldados.

É o que todo homem sensatamente egocêntrico esperaria.

Mas, para nosso imenso espanto, o Mestre propõe exatamente o contrário. Em vez de aumentar os recursos para a vitória final, manda ele diminuí-los, não pela metade, mas até zero — a fim de poder vencer... Manda subtrair em vez de adicionar.

A conclusão das duas parábolas, da torre e da guerra, é a seguinte:

"Do mesmo modo, não pode nenhum de vós ser meu discípulo se não renunciar a tudo que tem".

O Mestre manda reduzir a zero tudo que o homem *tem*, ou pode ter, a fim de intensificar ao máximo o seu *Ser*. Os seus *teres* são o motivo da sua derrota, o seu *Ser* é garantia de vitória. Ter *algo* é desastroso — ser *alguém* é glorioso. O ter é inversamente proporcional ao ser.

Quem tem muitos *algos* não os deve aumentar para vencer, mas deve renunciar a todos eles, a fim de ser *alguém* – e só assim é que pode construir a torre da sua auto-realização e derrotar os inimigos da mesma, o ego e seus aliados.

"Bem-aventurados os pobres pelo espírito — porque deles é o Reino dos Céus".

É deveras estranha, e positivamente incompreensível, essa linguagem dos grandes Mestres da sapiência e da potência. A consciência deles habita numa dimensão totalmente diferente da nossa; para nós, o poder está na *quantidade* – para eles, na *qualidade*. Para nós, poder é *ter* muito — para eles, renunciar voluntariamente ao ter é realizar o *ser*.

Que sabemos nós do Ser? É uma palavra abstrata, e nada mais —, para os Mestres o Ser é a quintessência de todo o poder.

Há quase 2000 anos que esta sapiência apareceu na face da terra — mas quem a compreendeu? Dentre os que se dizem discípulos do Cristo não há 1 entre 1 milhão que compreenda e viva a realidade do seu ser, do seu Eu, da sua alma. Ser cristão é, para nós, uma convenção social, uma rotina tradicional — não é uma experiência interior.

Nos últimos tempos, está prevalecendo cada vez mais a ânsia do *autoconhecimento* e da *auto-realização*. Quase 2000 anos de chamado cristianismo nos alhearam do Cristo; mas a alma humana, crística por sua própria natureza, tem veementes anseios de cristificação.

Quem lê o Evangelho superficialmente tem a impressão ingrata de que o Cristo vivia totalmente no mundo do além, e nada queria saber do mundo do aquém; quantas vezes repete ele "quem não renunciar a tudo o que tem não pode ser meu discípulo"?! Em face desse aparente além-nismo, o grosso da humanidade, que não pode viver sem ter algo, desanima e acaba por se convencer de que a mensagem do Cristo é para uma pequenina elite de privilegiados, de místicos escapistas, e que a humanidade como tal não pode realizar essa mensagem transcendental.

Esta é a impressão à primeira vista, e muitos nunca conseguem emancipar-se dessa impressão desanimadora; os aquém-nistas nada sabem do além-nismo. Limitam-se apenas a certas práticas cristãs externas, ou se tornam totalmente indiferentes à mensagem do Cristo.

Somente uma visão e uma vivência mais profundas do Evangelho nos convencem de que Jesus não era um espiritualista místico, um além-nista alheio às coisas do aquém. O que nele havia de diferente e incompreensível é o modo como o homem deve possuir as coisas materiais. Diz ele, com absoluta clareza: "Vosso Pai celeste sabe que de tudo isto haveis mister", isto é, que tendes necessidade das coisas materiais, casa, roupa, alimentos etc., para uma vida dignamente humana; ele não nega absolutamente que o homem deva possuir certos bens e certo conforto material; Jesus nunca professou a filosofia niilista de Diógenes, que fazia consistir a felicidade em não ter nada e não desejar nada.

O que há de estranho na mentalidade do Nazareno é uma certa matemática desconhecida: ele deriva o *ter material* do *Ser imaterial*. Para ele, a raiz de todos os teres é o Ser; os algos, ou objetivos da vida, vêm da consciência do alguém, da consciência da nossa razão de ser.

Resumindo em poucas palavras toda a filosofia cósmica, diz ele: "Buscai, portanto, em primeiro lugar o Reino de Deus e sua harmonia — e todas as outras coisas vos serão dadas de acréscimo". Não diz que não necessitamos das outras coisas, dos bens materiais, para um conforto normal da vida; diz que estas coisas materiais nos serão dadas de presente, e não em conseqüência dessa desenfreada lufa-lufa que caracteriza a vida dos profanos, que não buscaram o Reino de Deus, isto é, a realização do seu Eu divino.

Jesus não condena o *fato* de termos bens materiais, mas sim o modo errôneo como o homem profano procura apoderar-se deles e possuí-los.

Jesus nunca sofreu falta de nenhum bem material digno de uma vida humana; se renunciou a muitos deles, fê-lo livremente, e não compulsoriamente; se diz que não tem onde reclinar a cabeça, é porque não sentia necessidade desse conforto do ego em face da plena realização do seu Eu crístico. Logo no início da sua vida pública, vai ele a uma festa de casamento, onde oferece aos convivas 600 litros do melhor vinho que já se bebera em Canaã da Galiléia, como afirma o mordomo da festa; aceita convite para jantares, até de publicanos e pecadores; aceita as homenagens de Maria de Betânia, aceita uma verdadeira apoteose nacional no domingo de ramos; anda muito bem vestido, ao ponto de os quatro soldados romanos que guardavam a cruz repartirem entre si as vestimentas dele e, sobrando ainda a túnica inconsútil, lançarem sobre ela a sorte.

Jesus nunca andou de tanga, como certos místicos orientais, nem sem tanga, como Diógenes.

Há, na pessoa do Nazareno, um perfeito equilíbrio entre o seu Eu espiritual e o seu ego humano. Ele não é um materialista profano, nem um espiritualista místico — ele é o homem cósmico por excelência. Dizer que não levou vida integralmente humana por não ter casado é desconhecer totalmente a natureza real do homem. A libido é herança nossa do mundo animal, que um homem superior pode dispensar sem deixar de ter verdadeiro amor humano. É impressionante o amor que Jesus tinha à sua discípula predileta Madalena; idem a Maria de Betânia e ao discípulo amado João, que o acompanha até ao Calvário.

Todas as coisas dignamente humanas serão dadas ao homem superior que realiza em si o Reino de Deus.

Mas em primeiro lugar o homem tem de renunciar a tudo o que tem, para construir a torre da sua auto-realização e derrotar o seu ego. O homem tem de renunciar a tudo o que seu ego humano tem, a fim de construir a torre do seu Eu espiritual e alcançar a vitória sobre seus inimigos.

Com muita sabedoria diz Krishna na *Bhagavad Gita*: "O ego é o pior inimigo do Eu, mas o Eu é o melhor amigo do ego... O ego é um péssimo senhor — mas é um ótimo servidor".

Quando o ego humano se integrar totalmente no Eu divino então será ele altamente beneficiado.

"Quem quiser ganhar a sua vida (ego) perdê-la-á — mas quem perder a sua vida, ganhá-la-á".

Quem realizar o *mais* realizará o *menos* — mas quem quiser realizar o *menos*, sacrificando o *mais*, perderá tudo.

É esta a suprema sapiência da parábola da construção da torre e da empresa bélica.

Os talentos
(Mt 25, 14-30; Lc 19, 11-28)

Os cinco talentos. Acontecerá como a certo homem que estava 14
prestes a partir para terras longínquas. Chamou os servos e lhes confiou
seus bens. A um deu cinco talentos, a outro dois, ao terceiro um, 15
a cada um segundo a sua capacidade. E partiu imediatamente.

Ora, o que recebera cinco talentos, logo entrou a negociar
com eles, e ganhou mais cinco. Do mesmo modo, o que recebera 16
dois talentos ganhou mais dois. Mas o que recebera um talento 17
foi-se e enterrou o dinheiro do seu senhor. 18

Passado muito tempo, voltou o senhor daqueles servos e os
chamou a contas. Apresentou-se o que tinha recebido cinco talen- 19
tos, trouxe mais cinco talentos e disse: Senhor, entregaste-me 20
cinco talentos; eis aqui mais cinco talentos, que ganhei.

Muito bem, servo bom e fiel — respondeu-lhe o senhor —,
já que foste fiel no pouco constituir-te-ei sobre o muito; entra no 21
gozo de teu senhor. 22

Apresentou-se o que tinha recebido os dois talentos e disse:
Senhor, entregaste-me dois talentos; eis aqui mais dois talentos,
que ganhei. 23

Muito bem, servo bom e fiel — respondeu-lhe o senhor —,
já que foste fiel no pouco constituir-te-ei sobre o muito; entra no 24
gozo de teu senhor.

Apresentou-se por fim o que recebera um talento e disse:
Bem te conheço, senhor, és homem rigoroso, colhes onde não
semeaste e ajuntas onde não espalhaste. Pelo que tive medo de ti
e fui enterrar o teu talento; aí tens o que é teu. 25

Respondeu-lhe o senhor: Servo mau e preguiçoso! sabias que
colho onde não semeei, e ajunto onde não espalhei; devias, por 26
conseguinte, colocar o meu dinheiro no banco, e eu, na minha 27
volta, teria recebido com juros o meu capital. Tirai-lhe, pois, o
talento, e entregai-o a quem tem os dez talentos. Porque, ao que 28
tem dar-se-lhe-á, e terá em abundância, mas ao que não tem, tirar- 29
se-lhe-á até aquilo que possui. A esse servo inútil, porém, lançai-o
às trevas de fora; aí haverá choro e ranger de dentes. 30

Apoteose do poder creador do livre-arbítrio

O Reino dos Céus é semelhante a um homem que, em vésperas de empreender longa viagem, chamou seus servos e lhes distribuiu o seu dinheiro para negociarem com ele, em sua ausência.

Ao primeiro servo entregou 5 talentos. Talento era uma moeda grega que equivalia a cerca de 10 mil cruzeiros nossos; quer dizer, o primeiro servo recebeu cerca de 50 mil cruzeiros para negociar.

Ao segundo servo deu 2 talentos, cerca de 20 mil cruzeiros.

Ao terceiro servo deu 1 talento, ou 10 mil cruzeiros nossos.

Deu-lhes ordem que negociassem com esses cabedais até que ele voltasse da viagem.

E partiu.

Depois de muito tempo, regressou da viagem e chamou à conta os três servos. O primeiro se apresentou prontamente e disse: "Os teus cinco talentos renderam cinco; eis aqui dez talentos". Respondeu-lhe o senhor: "Muito bem, servo bom e fiel, porque foste fiel no pouco constituir-te-ei sobre o muito; entra no gozo do teu senhor".

Aparece o servo que recebera 2 talentos e apresenta 4, repetindo quase as mesmas palavras, e ouve do seu senhor a mesma resposta.

Finalmente aparece o terceiro servo, que recebera apenas um talento, e faz um longo discurso sem entregar nada de seu, mas devolvendo apenas o talento recebido. O discurso futil dele é o seguinte: "Bem te conheço, senhor; tu és um senhor severo, colhes o que não semeaste e ajuntas o que não espalhaste; por isso tive medo de ti e enterrei o teu talento — aqui o tens".

Este servo recebeu de Deus a sua creaturidade, como os outros, enterrou-a, e devolveu-a tal qual, sem lhe acrescentar nada da sua creatividade humana; devolveu o que recebera de Deus, sem nada lhe acrescentar de seu próprio. E é terrível a resposta do senhor: "Servo mau e preguiçoso! Com tuas próprias palavras eu te condeno; se tu sabias que eu colho o que não semeei e ajunto o que não espalhei, por que não fizeste frutificar o talento que te dei, para que eu o recebesse com juros? Tirai-lhe o talento que tem, porque quem tem receberá mais e terá em abundância; mas quem não tem perderá até aquilo que tem".

Assim diz literalmente o texto grego. Mas o tradutor da Vulgata Latina diz: "Quem não tem perderá aquilo que *parece* ter" (*quod videtur habere*). Evidentemente, o tradutor achou por demais absurda a frase "quem não tem perderá até aquilo que tem", e suavizou o texto dizendo "que parece ter" que é o sentido oculto, embora não seja o texto explícito. Esta modificação foi feita no texto de Mateus; mas no texto paralelo de Lucas, o tradutor reproduziu exatamente o texto grego: "Quem não tem perderá até aquilo que tem". Ninguém possui realmente aquilo que recebeu, mas somente aquilo que ele mesmo creou.

Aqui poderíamos citar, como equivalente, as conhecidas palavras de Goethe: *"Was du ererbt von deinen Vaetern, erwirb es, um es zu bezitzen"* (o que herdaste de teus pais adquire-o para o possuíres). De fato, não possuímos realmente o que apenas herdamos ou recebemos de outrem; só possuímos realmente aquilo que adquirimos ou conquistamos com o poder creativo do nosso livre-arbítrio. A nossa creaturidade nos foi dada por Deus, e por isso não é realmente nossa; somente é nosso, profundamente nosso, aquilo que creamos com o poder do nosso livre-arbítrio, com a nossa genuína e autêntica creatividade humana.

Os dois primeiros servos não devolveram ao senhor apenas a creaturidade, que dele haviam recebido; mas ofereceram-lhe algo genuinamente deles, o produto da sua própria creatividade. E é por isto que são chamados "servos bons e fiéis", e entram no gozo de seu senhor. Estes dois servos se auto-realizaram, como diríamos em linguagem moderna. Os segundos cinco e dois talentos não são do senhor, mas são desses servos auto-realizados. O que os teólogos chamam "salvação" tem de ser transformado hoje em dia em "auto-realização"; não existe alo-redenção, só existe auto-redenção, auto-realização, que é o despertar das potencialidades latentes na alma humana até a sua total atualização.

O terceiro servo, que devolveu apenas a sua creaturidade, sem um vestígio de creatividade, é chamado "servo mau e preguiçoso" e, pior de tudo, perdeu aquilo que tinha recebido, mas não era seu a sua creaturidade. Perdeu a sua potencialidade creativa, porque não a atualizou em Realidade creadora. Perdeu o seu livre-arbítrio, a sua natureza humana, que sem livre-arbítrio deixa de ser humana. Degradou-se a um infra-homem, deixou de ser homem. Sucumbiu à "morte eterna" da sua individualidade humana. Quem tem creaturidade humana, mas não a transforma em creatividade pelo poder de seu livre-arbítrio, esse perderá até a sua creaturidade humana. As leis eternas da Constituição Cósmica (ou Divina) não dão potencialidade a um ser que não as transforme em atualidades, durante o ciclo total da existência da creatura, ciclo evolutivo que, certamente, não compreende apenas os poucos decênios da vida terrestre. Se o homem, durante o ciclo total da sua existência, terrestre e extraterrestre, não se *realizar*, ele se *des-realiza*; se não se *integrar* no Infinito, ele se *desintegra*, perde a sua individualidade.

Os dois primeiros servos foram "fiéis no pouco", nas suas potencialidades creaturais, e por isto receberam "o muito", o resultado das suas realidades creadoras.

Neste sentido, escreveu um filósofo europeu de nossos dias: "Deus creou o homem o menos possível, para que o homem se possa crear o mais possível".

Esta parábola é uma apoteose da onipotência do livre-arbítrio humano. O homem, quando sai das mãos de Deus, não é *realizado*, mas apenas *realizável*. Está aqui na Terra, ou em outros mundos, para realizar plenamente a sua natureza realizável. Se realizar-se, é servo bom e fiel e entra no gozo do seu senhor, integra-se na Divindade pela imortalização individual. Se não realizar a sua natureza realizável, neste ou em outros mundos, acaba por se des-realizar ou aniquilar.

A parábola dos talentos pode ser considerada como sendo a quintessência da metafísica cósmica do Evangelho do Cristo. Há quase 2000 anos que a mensagem do Cristo é mencionada pelas igrejas como se fosse uma teologia, quando, na realidade, é a maior Filosofia Univérsica que já apareceu sobre a face da Terra.

Há quem negue a possibilidade de o homem sucumbir à morte eterna, a uma extinção definitiva, porque, dizem, a alma é imortal. Entretanto através de todo o Evangelho consta essa possibilidade. A alma não é *imortal*, mas é *imortalizável*. A imortalidade potencial é um presente de berço, mas a imortalidade atual é uma conquista da consciência. A alma imortalizável se imortaliza pelo poder creador do livre-arbítrio.

É esta a grandiosa mensagem da parábola dos talentos.

O administrador desonesto

(Lc 16, 1-13)

Parábola do feitor desonesto. Continuou Jesus a dizer aos
seus discípulos: "Havia um homem rico, que tinha um feitor.
Este foi acusado perante ele de lhe defraudar os haveres. Mandou- 2
o, pois, chamar e lhe disse: Que é isto que ouço dizer de ti? dá
conta da tua administração, porque já não poderás ser meu feitor.
Disse então consigo o feitor: Que farei? pois que meu amo 3
me tira a administração? cavar a terra não posso, e de mendigar
tenho vergonha. Sei o que vou fazer para que, quando for remo- 4
vido da administração, haja quem me receba em sua casa.
Mandou, pois, chamar, um após outro, os devedores de seu 5
amo. E perguntou ao primeiro: Quanto deves a meu senhor?
Cem jarros de azeite — respondeu ele. 6
Toma os teus papéis — disse-lhe — senta-te aí depressa e
escreve cinqüenta.
Perguntou a outro: E tu, quanto deves? 7
Cem alqueires de trigo — respondeu ele.
Toma os teus papéis — disse-lhe — e escreve oitenta. 8
E o senhor reconheceu que o feitor desonesto procedera com
tino. É que os filhos deste mundo são mais atilados, em sua
própria geração, do que os filhos da luz.
Também eu vos digo: granjeai-vos amigos com as riquezas 9
vãs, para que, quando vierdes a falecer, vos recebam nos taber-
náculos eternos.
Quem é honesto nas coisas mínimas é honesto também no 10
muito; e quem é desonesto em coisas mínimas é desonesto também 11
no muito. Se não administrardes fielmente as riquezas vãs, quem 12
vos confiará os bens verdadeiros? E, se não administrardes
fielmente os bens alheios, quem vos entregará o que é vosso?
Nenhum servo pode servir a dois senhores; ou terá ódio a um e 13
amor a outro, ou aderirá a um e não fará caso do outro. Não
podeis servir a Deus e às riquezas".

Usar para fins espirituais os bens materiais

A parábola que maior incompreensão, desapontamento, e até revolta tem causado no mundo cristão é sem dúvida a do administrador fraudulento. A tal ponto chegou a incompreensão, que muitos leitores chegam a duvidar que Jesus tenha proferido essa parábola; muitos acham que se trata de uma interpolação posterior, feita por algum autor desconhecido.

O auge do escândalo está nas palavras seguintes de Jesus: "Granjeai-vos amigos com as riquezas vãs, para que, quando vierdes a falecer, vos recebam nos tabernáculos eternos".

É um convite manifesto, dizem os revoltados, para fraude, a desonestidade, em flagrante contradição com toda a doutrina de Jesus.

Esta incompreensão, ou mesmo descompreensão, das palavras do Mestre, "granjeai-vos amigos com as riquezas vãs", baseia-se na suposição errônea de que possa haver iniqüidade ou maldade nas riquezas, ou em outro objeto físico qualquer.

Não existe, em toda a natureza, um único objeto que seja moralmente mau, ou moralmente bom. Bondade ou maldade moral são atributo único e exclusivo de seres dotados de livre-arbítrio. Creatura que não tenha "comido do fruto da árvore do bem e do mal", como o livro do Gênesis chama o livre-arbítrio, não pode ser moralmente boa nem moralmente má; não pode cometer atos bons nem atos maus. Um pedaço de metal ou farrapo de papel, chamado dinheiro, é algo moralmente neutro, nem bom nem mau.

Se Jesus tivesse dito "granjeai-vos amigos com a iniqüidade das riquezas" não teríamos como justificar suas palavras, porque teria recomendado fraudulência. Mas o Mestre não disse isto. O que ele recomenda é algo de perfeita sapiência e retitude: recomenda a seus discípulos que usem o objeto neutro dinheiro para praticar o bem — o mesmo objeto neutro que aquele administrador usou para praticar iniqüidade. Quem praticou o mal não foi o dinheiro do administrador; mas sim o administrador, o seu livre-arbítrio de homem, e não o livre-arbítrio do dinheiro, que não existe. Nenhum objeto, seja ele qual for, pode praticar o mal (ou o bem) porque não há objeto dotado de livre-arbítrio. Todo e qualquer objeto animado ou inanimado — mineral, vegetal, animal — é moralmente neutro, como já dissemos, nem bom nem mau. Aqui na Terra, é o homem a única creatura capaz de ser boa ou má, segundo o uso ou abuso da sua liberdade.

Assim como o administrador se serviu do dinheiro para fazer o mal, assim, recomenda Jesus, deve seu discípulo servir-se do dinheiro (ou de outro objeto qualquer) para fazer o bem.

Toda a dificuldade do homem, aqui na Terra, está em assumir atitude correta em face dos bens materiais.

Três atitudes são possíveis: abusar, recusar, usar.

O homem *profano* considera os bens terrestres como um fim em si mesmos — isto é abusar.

O homem *místico* não se serve dos bens materiais nem como fim nem como meio — isto é recusar.

O homem de consciência *cósmica* não considera os bens terrestres como um fim, mas sim como meios para um fim superior — e isto é usar.

Na parábola, o administrador abusou dos bens materiais, cometendo injustiça. Jesus recomenda a seus discípulos que se sirvam desses mesmos bens como meios para um fim superior, e isto é usar. A atitude do uso silencia a recusa.

* * *

Nesta parábola aparece a maravilhosa atitude *cósmica* do Nazareno. Se ele fosse um *profano*, teria recomendado o abuso do dinheiro para o mal, como fez o administrador. Se ele fosse apenas um *místico*, teria simplesmente recomendado a recusa, ou seja o não-uso do dinheiro como sendo mau em si mesmo, "excremento de satanás", como diz um escritor moderno. Mas, como Jesus não era um profano, nem um místico, mas o homem cósmico por excelência, não recomendou nem o abuso, nem a recusa, mas sim o uso correto do dinheiro.

Não são os bens materiais em si que podem granjear amigos no mundo espiritual, mas é o uso correto que deles fizermos. Todo objeto é espiritualmente neutro, indiferente; mas o sujeito, o livre-arbítrio do homem, dá-lhe valor positivo, ou desvalor negativo. A atitude boa em face do "pouco" dos bens materiais torna o homem bom no "muito" dos bens espirituais. O valor do sujeito valoriza o sem-valor do objeto.

Aliás, toda a vida do Nazareno é caracterizada por essa consciência, eqüidistante do abuso dos profanos e da recusa dos místicos; ele não abusa nem recusa, mas simplesmente usa os bens materiais. Ele não é da escola do ricaço Epicuro, nem do mendigo Diógenes;

não mora em palácio nem em tonel; não se veste com seda e púrpura, nem vive de tanga ou sem tanga; não vive no luxo nem no lixo. Jesus não é um profano gozador como Herodes, nem um asceta renunciador, como o Batista; ele come como todos comem; ele se veste como todos se vestem. Logo no início de sua vida pública vai a uma festa de casamento, onde transforma água em vinho, e vinho ótimo; senta-se à mesa com publicanos e pecadores, aceita a ardente homenagem de Maria de Betânia e as entusiásticas ovações populares no domingo de ramos — e, apesar de tudo isto, pode dizer: "As raposas têm suas cavernas, as aves têm os seus ninhos, mas o Filho do Homem não tem onde reclinar a cabeça".

A verdadeira renúncia não é, em primeiro lugar, uma renúncia externa, mas sim um uso sem abuso. Possuir sem ser possuído — isto é renúncia, pobreza pelo espírito. Pode um milionário não ser possuído por aquilo que não possui, mas deseja desregradamente possuir. Mais importante que possuir ou não possuir é saber *como* possuir ou não possuir. Já na antigüidade era esta a grande sabedoria dos filósofos estóicos.

Abusar é proibido.

Recusar é permitido.

Usar é recomendado.

A parábola do administrador desonesto é a mais deslumbrante apoteose do espírito cósmico do Cristo.

As virgens sábias e as virgens tolas
(Mt 25,1-13)

As dez virgens. Então será o reino dos céus semelhante a
dez virgens que, empunhando as suas lâmpadas, saíram ao en-
contro do esposo. Cinco delas eram tolas, e cinco sábias. As tolas 2
tomaram as suas lâmpadas, mas não levaram azeite consigo; ao 3
passo que as sábias levaram azeite nas suas vasilhas juntamente 4
com as lâmpadas. Ora, como o esposo tardasse a vir, ficaram 5
todas com sono e adormeceram. À meia-noite, soou o grito: Eis 6
que vem o esposo; sai ao seu encontro! Então se levantaram 7
todas aquelas virgens e aprontaram as suas lâmpadas. As tolas 8
pediram às sábias: Dai-nos do vosso azeite, porque as nossas
lâmpadas se apagaram. Não — responderam as sábias —, não 9
chegaria para nós e para vós; ide antes aos vendedores, e comprai
para vós.

Enquanto iam comprar, chegou o esposo. As que estavam 10
preparadas entraram com ele para as núpcias, e fechou-se a porta.
Finalmente, chegaram as outras virgens e disseram: Senhor, 11
Senhor, abre-nos!

Ele, porém, replicou: Em verdade, vos digo que não vos 12
conheço.

Ficai, pois, alerta! porque não sabeis nem o dia nem a hora. 13

É necessário manter acesa a luz permanente do Eu divino, e não apenas acender lampejos intermitentes do ego humano

"O Reino dos Céus é semelhante a dez virgens". Nesta conhecida parábola fala Jesus de almas humanas à espera das núpcias místicas com o divino Esposo. Em plena noite da vida terrestre aguardam elas o advento do conúbio espiritual.

Essas jovens são "*parthenoi*", virgens, que ainda não conceberam o Cristo; cinco delas são idôneas, e cinco não, para essa concepção mística.

Todas essas virgens levam consigo as suas lâmpadas, ainda, mas ao alcance da mão, durante o sono. A diferença entre umas e outras não está nas lâmpadas, que todas têm, mas sim no conteúdo delas: cinco têm óleo em suas vasilhas, juntamente com as lâmpadas, ao passo que cinco só têm as suas lâmpadas vazias, sem óleo nas vasilhas. A sapiência de umas consiste na presença desse óleo, e a insipiência das outras está na ausência desse combustível.

Em todos os tempos, foi o óleo de oliva considerado como símbolo de espiritualidade ou experiência mística. No Antigo Testamento, eram ungidos com óleo os sacerdotes, os profetas e os reis, como pessoas consagradas a Deus.

A palavra grega para ungir é *chriein*, cujo particípio passado é *christós* (ungido). Nas paredes das catacumbas de Roma se encontra freqüentemente o monograma do *christós* CHR, que em grego são apenas duas letras XP (CX = CH, P = R), geralmente entrelaçadas em forma de XP, as iniciais do nome Cristo.

A pessoa humana de Jesus foi ungida, totalmente permeada pelo Espírito de Deus, que é o Cristo Cósmico, o divino Logos ou Verbo.

As cinco virgens sábias eram penetradas pelo espírito de Deus, pela consciência da presença do Cristo, mesmo em plena noite.

Óleo é um combustível que alimenta a chama, e, enquanto houver óleo, o fogo não se apaga. A experiência mantém aceso o espírito de Deus na alma.

As cinco virgens sem óleo acendem as suas lâmpadas, mas essas logo se apagam, por falta de combustível. Quem não tem experiência espiritual pode ter lampejos intermitentes, mas falta-lhe a luz permanente da consciência de Deus. O ego humano de boa vontade tem, de vez em quando, ímpetos espirituais, até ao ponto de derramar lágrimas de emoção e doçura — mas toda a boa vontade do ego humano não é sabedoria do Eu divino; esta consiste numa *atitude permanente*, e não apenas em *atos transitórios*; a sabedoria divina é uma nova dimensão da consciência do *ser*, e não apenas um modo de *agir*; é a consciência nítida. "Eu e o Pai somos um... Não sou eu que faço as obras, é o Pai em mim que as faz; de mim mesmo eu nada posso fazer".

O óleo da sapiência divina é *autoconhecimento*, que se revela em *auto-realização*; é a experiência intuitiva da "verdade libertadora" sobre nós mesmos.

O conhecimento meramente analítico-intelectual do homem profano é como um lampejo em plena noite, uma luz momentânea entre duas trevas.

Todas as dez virgens adormeceram, enquanto aguardavam o Esposo. A vida terrestre é uma espécie de sono. A natureza infra-humana jaz num sono total; o homem comum vive num sono parcial: está mentalmente acordado, porém espiritualmente adormecido. Somente o homem de consciência espiritual está plenamente acordado.

O óleo, mesmo antes de transformado em luz, é potencialmente luz, é lucificável. O homem deve adquirir a idoneidade de poder atualizar a qualquer momento a sua potencialidade espiritual. O que é decisivo é que ele tenha em si o óleo dessa idoneidade espiritual. A aquisição e o desenvolvimento dessa idoneidade lucificável é a razão de ser da vida terrestre do homem. Sem isto, a vida é um círculo vicioso, uma grande falência.

* * *

Ocorre na parábola um episódio que revela toda a insipiência das virgens tolas: pedem às suas colegas sapientes que lhes emprestem do seu óleo, para alimentarem as suas lâmpadas que se apagam. Somente um tolo pode proceder tão tolamente, pedindo experiência espiritual emprestada. Experiência mística, sabedoria espiritual, não é transmissível de pessoa a pessoa; só é adquirível de dentro do próprio ser, como bem fazem ver as virgens sábias: ide e adquiri óleo para vós mesmas.

Nenhum Mestre espiritual, nenhum guru, pode transferir a sua experiência espiritual a seu discípulo; pode apenas mostrar-lhe o caminho por onde o iniciado possa adquirir iniciação, possa tornar-se um iniciado, um auto-iniciado. Não existe nenhuma alo-iniciação, só existe auto-iniciação. Se assim não fosse, teria Jesus iniciado seus discípulos; mas, segundo o Evangelho, ele não iniciou ninguém. Os discípulos de Jesus, e outros, se auto-iniciaram na gloriosa manhã do Pentecostes, na ausência do Jesus visível, mas pela presença do Cristo invisível. Auto-iniciação é o despertar do Cristo interno. Um Mestre externo pode preludiar essa eclosão do Cristo Cósmico, pode mesmo facilitá-la, mas não a pode realizar no outro. A idéia de alo-iniciação representa, talvez, um dos maiores equívocos da humanidade, e a sua prática é uma grande fraude, uma tentativa de contrabando do Reino dos Céus. "O que vem de fora não torna o homem puro nem impuro, mas somente o que vem de dentro do homem".

* * *

As cinco virgens tolas vão, de fato, adquirir óleo, mas quando voltam está fechada a porta do banquete nupcial, e elas não conseguem realizar as suas núpcias com o divino Esposo. Aqui termina a parábola, mas deixa a porta aberta para conclusões tácitas. Se as cinco virgens regressaram com o óleo da experiência adquirida, não teriam elas o direito de serem admitidas ao banquete nupcial do Reino de Deus? Tanto mais que a parábola diz que "o Reino dos Céus é semelhante a dez virgens", e não apenas a cinco.

É lícito concluir que as cinco virgens retardatárias tenham entrado no Reino dos Céus em outro ciclo evolutivo, posterior ao das suas colegas. Se é verdade que na casa do Pai celeste há muitas moradas, não seria lícito admitir a possibilidade de uma evolução em períodos após a existência terrestre?

Certas teologias só admitem a possibilidade de conversão e redenção para os poucos decênios da vida terrestre — como se o livre-arbítrio fosse um atributo do corpo físico dissolvido pela morte. Se o livre-arbítrio é um atributo da alma sobrevivente à morte, por que não poderia o homem realizar a sua redenção em todo o tempo da existência da sua alma livre? Seria absurdo supor que, durante uns poucos decênios de vida terrestre, o homem possa decidir o seu destino para toda a eternidade.

Entretanto, é razoável e prudente que o homem inicie, aqui na terra, esta tarefa, que aprenda pelo menos o *abc* da sua realização espiritual, para continuá-la em outras regiões do Universo.

O semeador
(Mt 13, 1-9; Mc 4, 3-9; Lc 8, 5-8)

Parábola do semeador. Naquele dia, saiu Jesus de casa e foi 2
sentar-se à beira do lago. Reuniu-se em torno dele grande multi-
dão; pelo que subiu ele a um barco e sentou se, enquanto toda a 3
agente estava na praia. Então começou a falar-lhes largamente
em forma de parábolas, dizendo:
"Eis que saiu um semeador a semear. E, ao lançar a semente, 4
parte caiu à beira do caminho, e vieram comê-la as aves. Outra
caiu em solo pedregoso, onde a terra era pouca; não tardou a 5
nascer, porque estava rente à superfície; mas, quando despontou 6
o sol, ficou crestada e secou, por falta de raízes. Outra ainda caiu 7
entre espinhos; e os espinhos cresceram e a sufocaram. Outra 8
caiu em bom terreno e deu fruto, a cem, a sessenta e a trinta por 9
um. Quem tem ouvidos, ouça!"

É necessário semear a Verdade e o Bem, seja qual for o resultado

A parábola do semeador é, sem dúvida, a mais popular de todas as parábolas de Jesus — e é também uma das poucas da qual o próprio Mestre deu explicação, a pedido de seus discípulos.

Em face disto, não nos compete tecer comentários elucidativos. Em vez disto, vamos chamar a atenção para certos aspectos da parábola que não foram explicados.

Se a semente é a palavra de Deus, e o semeador é o Filho do Homem, o próprio Cristo, como ele mesmo afirma, não é estranho que o mais sábio dos semeadores da melhor das sementes não tenha escolhido terrenos melhores para sua semeadura? A julgar pelo texto do Evangelho, 75% das sementes estavam perdidas desde o início, e apenas 25% deram algum fruto — e mesmo este muito desigual; uma parte da semente deu 30, outra parte 60, e apenas uma pequena parcela deu 100 por um.

A semente que foi lançada à beira do caminho nem sequer germinou; foi logo calcada pelos transeuntes, e as aves a comeram. Em Mateus essas aves significam o *mau*; em Marcos são o *diabo*; em Lucas é *satanás*, mas em todos os três evangelistas referem-se ao ego humano, que no Evangelho é constantemente identificado com o mau, o diabo, satanás.

A semente que caiu ao meio do pedregulho dos espinhos brotou, talvez floresceu, mas não frutificou, por falta de umidade e de luz suficientes.

Somente a última parte caiu em terra boa e produziu fruto, embora desigual.

Se dividirmos em parcelas iguais essas quatro partes, podemos admitir que 3/4 partes tenham sido inutilizadas desde o início. Não sabia o semeador que assim aconteceria? E por que não escolheu melhor os seus terrenos?

Se o mais importante da parábola fosse o *símbolo material*, deveríamos tachar de imprudente o semeador pelo fato de lançar 75% das sementes em terreno improdutivo.

Entretanto, o mais importante é o *simbolizado espiritual*, e o terreno não é o chão material, e sim o terreno da alma humana. A terra não tem liberdade e não é culpada pelo insucesso do crescimento e da frutificação. Na agronomia física, o procedimento de semelhante agrônomo seria imperdoável.

Mas a parábola trata de uma agronomia metafísica, trata do terreno imprevisível do livre-arbítrio humano, onde nenhum semeador, nem mesmo o próprio Cristo, pode saber do resultado da sua semeadura. Se assim não fosse, por que teria Jesus escolhido Judas Iscariotes para seu apóstolo, sabendo da sua esterilidade espiritual?

Em se tratando do terreno do livre-arbítrio humano, o procedimento do semeador do Evangelho é compreensível, e não podia ser outro. A melhor das sementes lançada pelo melhor dos semeadores pode ser totalmente frustrada. A liberdade humana pode reduzir a zero qualquer obra de Deus — não no macrocosmo mundial, mas no microcosmo hominal. O destino cósmico obedece infalivelmente ao plano de Deus; nenhum ser hominal, angelical ou diabólico pode frustrar um átomo sequer do plano cósmico de Deus.

Totalmente diferente, porém, é o destino humano, que obedece ao livre-arbítrio do homem. E onde há liberdade creatural termina, por assim dizer, a jurisdição divina.

A parábola trata exclusivamente da zona do livre-arbítrio humano. E nesta zona o resultado da semeadura depende causalmente do homem. No terreno do livre-arbítrio, o homem é Deus e é também antiDeus; é ele, e só ele, que determina o seu destino, como, aliás, também evidencia a história do joio no meio do trigo: o joio teve plena liberdade de ser joio até o fim, mas o resultado final da evolução foi a sua auto-extinção.

As leis cósmicas, ou divinas, respeitam a liberdade tanto dos bons como dos maus — mas o destino final é diametralmente oposto, como opostas são a vida eterna e a morte eterna.

Quem harmoniza livremente com a alma do cosmos, que é Deus, participa individualmente da própria eternidade universal da alma do Universo, e quem se opõe livremente às leis cósmicas se exclui livremente da eternidade da alma do Universo, aniquilando-se, nulificando-se, reduzindo-se ao Nada existencial.

Pelo livre-arbítrio participa o homem do Infinito positivo, do TODO — ou então do Infinito negativo, do NADA. Um ser livre pode integrar-se existencialmente no TODO — e pode também desintegrar-se no NADA existencial. Verdade é que o Nada da existência é o Todo da essência, mas não deixa de ser o Nada individual da creatura. Nenhuma creatura pode ser reduzida ao Nada da essência, mas sim ao Nada da existência individual, como são todas as creaturas da natureza. A imortalidade é a permanência do homem na existência individual, ao passo que as creaturas mortais da natureza, quando morrem, perdem a sua existência individual e recaem na essência Universal.

Todo homem é potencialmente imortal (imortalizável), e pode tornar-se atualmente imortal (imortalizado). A imortalidade atual — bem como a liberdade atual — são uma conquista da consciência, não um presente de berço.

A parábola do semeador, a par das do joio e dos talentos, são apoteoses do livre-arbítrio humano e da criatividade desse livre-arbítrio. Certos cientistas modernos negam a liberdade humana, que tacham de "mito" ou ilusão. Quase todos eles se baseiam em experiências de laboratório. Esquecem-se, porém, de que a imensa maioria da humanidade não conquistou liberdade *atual*, mas possui apenas liberdade *potencial*. Provavelmente, todas as cobaias que passaram por seus laboratórios e foram submetidas aos testes pelos cientistas não eram atualmente livres, e a conclusão generalizada referente à não-liberdade do homem em geral é fundamentalmente errônea. Se a vida de um Buda, de um Cristo ou de um Gandhi tivesse sido testada, bem diferente teria sido o resultado apurado por estes cientistas superficiais.

Um homem normal e adulto que não atualizou a sua liberdade potencial é culpado, porque quem pode deve, e quem pode e deve e não faz crea débito, culpabilidade. Se um homem normal e adulto não é atualmente livre, é ele culpado dessa falta de liberdade — e toda a culpa gera sofrimento. O mal é o eco da maldade; e a reação das leis cósmicas contra a maldade humana.

Os três terrenos humanos da parábola que frustraram a frutificação da semente de Deus eram culpados dessa nulificação, como, aliás, o próprio Jesus faz ver na explicação que, a pedido de seus discípulos, deu dessa parábola.

As três classes de obstáculos enumeradas por Jesus que frustraram a frutificação da semente se referem todas ao ego humano; o homem-ego abusou do seu livre-arbítrio, não o desenvolveu até à maturidade do seu Eu espiritual, e por isto a semente da palavra de Deus não frutificou. Como já dissemos, esse ego é chamado o mau, o diabo, satanás.

Apenas uma pequena parte da semente produziu fruto total, porque apenas uma diminuta parcela da humanidade chegou à plena maturidade do seu livre-arbítrio, oferecendo terreno ideal para a frutificação da semente divina.

* * *

Suponhamos que a frustração da semeadura, em vez de 3/4, fosse total, tivesse acabado em 0 — será que o semeador teria continuado a semeadura?

Existe na filosofia oriental uma palavra sânscrita chamada *falasanga*, que quer dizer "mania de resultados". Todo o homem ego sofre dessa mania: só trabalha por amor a algum resultado palpável. Trabalhar sem esperança de resultado é para o ego pura estupidez e absurdidade. Alguns, é verdade, não esperam resultados materiais, dinheiro, propriedade etc., mas esperam resultados de caráter social, mental ou emocional, como aplausos, reconhecimento, gratidão, um nome de benfeitor no jornal, na rádio, na televisão, ou perpetuação da sua beneficência em forma de um monumento, duma placa comemorativa, duma inscrição. Outros egoístas, altamente sublimados, não esperam nada disto no mundo presente, mas trabalham na certeza de que no outro mundo serão recompensados por Deus em forma de eterna glória e felicidade. Quase todos os homens virtuosos fazem esta negociata com Deus.

Todos eles são egoístas, todos *praticam falasanga*, terrestre ou celeste; os mais avançados esperam recompensa após-morte.

Somente o homem capaz de semear o bem sem nenhuma segunda intenção, sem especular com retribuição alguma, nem antes nem depois da morte — esse somente deixou de ser egoísta, seria totalmente liberto das tiranias do ego, manifestas ou camufladas.

A parábola do semeador tende a conduzir o homem a essa libertação total, a semear a semente da Verdade e do Bem sem a menor esperança de assistir a uma festa de colheita.

Mas, se a semeadura falhar 100%, que finalidade teria ainda esse trabalho?

Em primeiro lugar, teria a finalidade suprema de uma completa *auto-realização*, que vale mais que todo o Universo, porque um único *valor* vale mais que todos os *fatos*, um átomo de *qualidade* eclipsa mundos inteiros de *quantidade*.

Além desse valor supremo da auto-realização do próprio semeador, liberto de qualquer egoísmo, essa atitude transbordaria energias imensas para outros seres, porquanto nenhuma energia se perde, todas as energias se transformam. Esta lei física da "constância das energias" vale também para a metafísica. O modo ideal de fazer bem à humanidade consiste em ser bom, isto é, plenamente liberto de qualquer resquício de egoidade e egoísmo.

A parábola do semeador convida o homem a ser incondicionalmente bom, a semear a Verdade e o Bem sem nenhuma segunda intenção de obter resultados objetivos. Basta-lhe a consciência de ter cumprido o seu dever de auto-realização ou aperfeiçoamento da sua substância divina.

A pérola preciosa
(Mt 13, 45-46)

A pérola. O reino dos céus é semelhante a um negociante 45
que procurava pérolas preciosas. Descobriu uma pérola de grande 46
valor, foi vender tudo que possuía e a comprou.

Quando o homem descobre o Reino dos Céus, não se interessa mais pelos reinos da Terra

O Reino dos Céus é semelhante a um negociante que procurava pérolas preciosas; "descobriu uma pérola de grande valor, foi vender tudo o que possuía e a comprou".

As pérolas verdadeiras crescem no interior de certas conchas de moluscos, que vivem nas profundezas de mares tropicais. A pérola é uma secreção solidificada do corpo gelatinoso do molusco. Se não houver lesão alguma no corpo do molusco, não se forma pérola. Enquanto a pérola está encerrada na concha, não manifesta o seu maravilhoso brilho; somente quando exposta à luz solar é que revela o seu esplendor, que é o reflexo dos raios luminosos. Estes raios são de luz branca, ou melhor, incolor. A pérola, porém, reflete todas as cores do arco-íris, em diversas tonalidades opalescentes, devido à consistência peculiar da sua superfície nacarada.

Se o Reino dos Céus é semelhante a uma pérola preciosa, qual o traço de semelhança entre aquele e este?

A pérola nasce nas profundezas do mar, mas a sua beleza só se revela à luz solar. E não é isto que se dá com o Reino dos Céus?

Tem a sua sede nas profundezas da alma humana, e não na superfície da vida externa; mas o seu esplendor só se revela plenamente na luz da vida diária.

Não faz isto lembrar as palavras do Mestre sobre a "luz debaixo do alqueire", e "a luz no candelabro"? A pérola da experiência mística se revela na vivência ética; o Ser invisível se manifesta no agir visível.

As palavras de Mahatma Gandhi sobre a "verdade dura como diamante e delicada como flor de pessegueiro" bem poderiam lembrar a dureza da pérola e a sua beleza.

Para descobrir uma dessas pérolas preciosas, deve o homem mergulhar em tenebrosas e perigosas profundezas — e não é que o homem só encontra o Reino dos Céus em misteriosas profundidades? Quem nunca abandonou as cômodas superfícies do seu ego profano e mergulhou nas ignotas regiões do seu Eu divino; quem nunca abandonou as praias e os litorais de uma vida fácil e se aventurou ao alto-mar da Divindade, nada sabe da pérola preciosa da sua alma.

É estranho que a pérola só se forme depois que o molusco sofreu um ferimento — e quando foi que um homem encontrou a pérola do Reino dos Céus sem ter passado por uma experiência dolorosa? O próprio Cristo-Jesus não pôde entrar em sua glória sem passar pelo sofrimento e pela morte. Enquanto o homem não sofre, identifica-se com o seu ego humano; mas quando submetido a um grande sofrimento, verifica a diferença entre o seu ego humano e o seu Eu divino. O autoconhecimento, base da auto-realização, dificilmente acontece a um homem que não tenha passado por experiências dolorosas. A ilusória identificação do homem com o seu ego e o descobrimento da verdadeira alteridade do seu Eu é, quase sempre, provocada por um sofrimento, sobretudo metafísico. "Duro te é recalcitrar contra o aguilhão", dizia a voz misteriosa que Saulo de Tarso ouviu quando tombou às portas de Damasco, "e eu lhe mostrarei quanto terá de sofrer por meu nome".

Esse mesmo Paulo chega ao ponto de afirmar que "sem efusão de sangue não há redenção", isto é, sem sofrimento próprio não há cristificação.

A pérola do Reino dos Céus só começa a nascer depois que o homem foi ferido na sua egoidade humana.

Diz a parábola que o homem, depois de encontrar essa pérola preciosa, foi vender tudo o que tinha a fim de adquiri-la. "Quem não renunciar a tudo que tem não pode ser meu discípulo". "Quem não nascer de novo não pode ver o Reino de Deus".

Parece que há uma eterna incompatibilidade entre o *ter* e o *Ser*, como entre treva e luz, quantidade e qualidade. Antes de atingir a qualidade do seu Ser, corre o homem atrás das quantidades do *ter* ou dos *teres*. Mas depois de descobrir o seu Ser qualitativo, torna-se ele indiferente a seus *teres* quantitativos. E quando as circunstâncias o obrigam a possuir certos objetos externos, possui-os com estranha leveza e serenidade; não se fanatiza por eles, nem jamais é possuído por aquilo que possui. O homem profano não possui as suas posses; é por elas possuído e possesso. A diferença entre *possuidor* e *possuído* é apenas de uma letrinha, o "r" — o "r" da redenção. Quando o possuído passa a ser possuidor não possuído, é ele remido da tirania do possuído e vive na soberania do possuidor.

Quem possui a pérola preciosa do Reino dos Céus, com alegria se desfaz de todas as antigas posses, porque a nova posse o tornou imensamente feliz. Nada mais valem para ele as mais cobiçadas facticidades dos profanos, depois que se apoderou da Realidade do iniciado.

Quem entrou na posse da pérola preciosa do Reino dos Céus, esquece-se de todos os sacrifícios que fez para adquiri-la. Todos os caminhos estreitos e todas as portas apertadas desapareceram em face do jugo suave e do peso leve de uma felicidade sem limites.

Impureza de fora — impureza de dentro
(Mt 15, 10-20)

Impureza real. Então chamou a si o povo e lhe disse: 10
"Escutai e compreendei bem! O que entra pela boca não torna o 11
homem impuro; mas o que sai da boca, isto é que torna o homem
impuro".

Ao que se chegaram a ele os discípulos e lhe disseram: "Sabes 12
que os fariseus se escandalizaram, quando ouviram estas palavras?"

Respondeu Jesus: "Toda a plantação que não foi plantada por 13
meu Pai celeste será exterminada. Deixai-os! são cegos e guias 14
de cegos. Mas, se um cego guiar a outro cego, virão ambos a cair
na cova".

Disse-lhe Pedro: "Explica-nos esta parábola". 15

Tornou Jesus: "Também vós estais ainda sem compre- 16
ensão? Pois não compreendeis que tudo que entra pela boca 17
vai para o estômago e daí é lançado fora? Mas o que sai da boca 18
vem do coração, e isto é que torna o homem impuro. Porque do 19
coração é que vêm os maus pensamentos, os homicídios, os adul-
térios, a luxúria, os furtos, os falsos testemunhos, as blasfêmias 20
— e são estas coisas que tornam o homem impuro. Mas isso de
comer sem lavar as mãos não torna o homem impuro".

O que purifica ou contamina o homem não são as circunstâncias, mas a substância

Certo dia, uns escribas e fariseus se escandalizaram com os discípulos de Jesus, e perguntaram ao Mestre por que eles não observavam as tradições paternas e comiam sem primeiro lavar as mãos. Não se referiam os acusadores a simples preceitos de higiene física, mas atribuíam a essa usança um caráter de impureza moral.

Pelo que Jesus lhes replicou com a seguinte comparação:

"O que de fora entra no homem não o torna impuro, porque vai para o estômago e daí é lançado fora; mas o que de dentro sai do homem, isto sim, o torna impuro; porque do coração é que vêm maus pensamentos, homicídios, adultérios, luxúria, furtos, falsos testemunhos, blasfêmias — e são estas coisas que tornam o homem impuro. Mas isso de não lavar as mãos antes de comer não torna o homem impuro".

O que vale da impureza de fora ou de dentro, vale também, *mutatis mutandis*, da pureza.

Há quase 20 séculos que persiste, no seio da cristandade, a idéia de que objetos e atos externos possam conferir ao homem pureza ou impureza — quando na realidade somente a atitude interna do sujeito é que dá ao homem pureza ou impureza moral e espiritual.

Certas teologias eclesiásticas atribuem poder de purificação e santificação a determinados objetos e palavras, ideologia essa herdada dos antigos "Mistérios" do paganismo romano. O pecador desejoso de purificação espiritual se dirigia aos centros de iniciação de Delfos, Elêusis, Ísis, Osíris, entre outros; ia ter com os magos e sacerdotes órficos ou pitagóricos; tocava em determinados "objetos sacros", ou ouvia palavras rituais que, na opinião dos iniciadores, purificavam o iniciando e faziam dele um iniciado, purificado e redimido.

A palavra grega *mysterion* é, em latim, *sacramentum*. Os sacramentos eclesiásticos são a continuação dos mistérios pagãos; a sua função é de magia ritualista. Os iniciadores continuam a ser, como em tempos antigos, os sacerdotes.

Mais tarde prevaleceu, numa grande parte da cristandade, a magia judaica, que atribuía redenção e santificação espiritual ao sangue de animais sacrificados. Salomão, refere o 1º livro dos Reis, por ocasião da dedicação do templo em Jerusalém, mandou matar 120 mil ovelhas e 22 mil bois. Cada ano, no monte Sion, o sacerdote reunia, à entrada do templo, o povo de Israel, mandava vir um cabrito, colocava as mãos sobre a cabeça dele e transferia para esse animal inocente os pecados do povo: depois, esse "bode expiatório" era morto e, segundo a crença dominante, com a morte do animal morriam todos os pecados do povo.

A teologia cristã substituiu o animal inocente pelo único homem sem pecados, Jesus, e atribuiu ao sangue dele um efeito redentor e espiritualizador — embora o próprio Jesus nunca tenha considerado seu sangue como elixir de redenção.

Num dos setores mais recentes do cristianismo, a purificação não é atribuída a objetos e palavras, nem ao sangue de um "bode expiatório", animal ou hominal, mas sim ao próprio homem pecador que, através de sucessivas reencarnações físicas, purifica-se progressivamente dos seus pecados.

Em todos esses casos, a pureza do homem vem de fora dele, por meio de objetos, fórmulas ou pelos pais dele — vem sempre de um fator alheio: objetos, sangue, pais.

Entretanto, segundo o Evangelho do Cristo, não há *alo-redenção*, mas tão-somente *auto-redenção*. O homem não é salvo por algo ou por alguém — o homem se redime, salva, purifica e santifica ele mesmo a si mesmo, não pelo seu ego humano, mas sim pelo seu Eu divino, que é o Pai nele, o seu Cristo interno, o Reino de Deus, a Luz do mundo, que nele está e que ele deve despertar.

Esta auto-redenção é Cristo-redenção, Teo-redenção.

Em termos modernos, esta auto-redenção se chama *auto-realização*.

Quando Jesus responde ao doutor da lei que o primeiro e maior de todos os mandamentos consiste em que o homem ame o Senhor seu Deus com toda a sua alma, com toda a sua mente, com todo o seu coração e com todas as suas forças — que é isto senão auto-redenção, auto-realização? É a purificação que vem de dentro dele, e não de fora dele. Pois assim como, segundo as palavras do Mestre, toda impureza vem de dentro do homem, também toda pureza vem do seu interior. Se do seu ego humano vem a impureza, do seu Eu divino vem a pureza.

Toda purificação e santificação do homem vem do despertar do seu Eu divino, que também se chama "renascimento pelo espírito".

Parece que uma elite da humanidade cristã de hoje está começando a compreender esta verdade fundamental da mensagem do Cristo.

O amigo importuno e o juiz iníquo
(Lc 11, 5-8; Lc 18, 1-8)

Parábola do amigo importuno. E prosseguiu: "Alguém de 5
vós tem um amigo. Vai ter com ele, à meia-noite, com o pedido:
Amigo, empresta-me três pães; porque um amigo meu chegou de 6
viagem à minha casa, e não tenho o que servir-lhe. Mas o de dentro 7
responde: Não me incomodes! a porta está fechada e meus filhos
estão comigo no quarto; não posso levantar-me para atender-te.
Digo-vos que, embora não se levante e lhe dê por ser seu
amigo, não deixará, contudo, de levantar-se por causa da impor- 8
tunação, e dar-lhe quanto houver mister".

Parábola do juíz iníquio. Fêz-lhes ver, numa parábola, que
importa orar sempre, e não desfalecer. Disse: "Vivia numa cidade 2
um juiz que não temia a Deus nem respeitava homem algum. 3
Havia na mesma cidade uma viúva. Foi ter com ele e disse-lhe:
Reivindica os meus direitos contra meu adversário. Negou-se ele
a atendê-la por muito tempo. No fim de contas, porém, disse consi- 4
go mesmo: Verdade é que não temo a Deus nem respeito homem
algum; mas essa viúva tanto me importuna que lhe farei justiça, 5
para que não acabe por meter-me as mãos na cara". 6
Prosseguiu o Senhor: "Escutai o que diz o juiz iníquo! E Deus 7
não faria justiça a seus eleitos, quando, dia e noite, clamaram a 8
ele? deixá-los-ia esperar muito tempo? Digo-vos que bem depressa
lhes fará justiça. Entretanto, quando o Filho do homem vier, encon-
trará fé sobre a terra?"

É necessário pedir com insistência a fim de crear na alma um ambiente de receptividade

Nestas duas parábolas geminadas insiste Jesus na mesma idéia: orai sempre e nunca deixeis de orar.

À primeira vista parece estranho, e quase paradoxal, esta insistência no orar, pedir, buscar, bater.

"Pedi, e recebereis; buscai, e achareis; batei, e abrir-se-vos-á... Tudo que pedirdes ao Pai em meu nome, ele vô-lo dará... Orai, e nunca deixeis de orar".

Na parábola do amigo importuno e do juiz iníquo, essa insistência chega quase às raias da impertinência. Imaginem! Um homem, altas horas da noite, vai à casa de um amigo, bate ruidosamente à porta e lhe diz: "Amigo, empresta-me três pães; porque um amigo meu chegou de viagem à minha casa, e não tenho o que servir-lhe". Mas o de dentro lhe responde, sem se levantar: "Não me incomodes! a porta está fechada e meus filhos estão comigo no quarto; não posso levantar-me para atender-te." Mas o de fora, teimoso, continua a bater e a insistir no pedido. Finalmente o de dentro se levanta e dá o que o outro pede, não por ser seu amigo, mas para se ver livre da importunação e poder dormir.

E Jesus acrescenta que é assim que o homem deve pedir a Deus.

Na outra parábola, conta o Mestre a história de uma pobre viúva explorada por um ricaço prepotente. Ela vai ter com o juiz e insiste: "Faze-me justiça contra meu adversário". O juiz, porém, que "não teme a Deus nem respeita homem algum", não quer atendê-la.

Já que a primeira parábola tem caráter humorístico, vamos deter-nos um pouco neste aspecto: esse homem que, altas horas da noite, vem pedir três pães para servir a um amigo deve ter sido um asceta, ou então um solteirão impenitente. Mora sozinho. Não tem em casa um bocado de pão. O outro pede logo três pães, por sinal que o viajante está esfaimado. O outro diz que está no seu quarto com seus filhos. Não fala em mulher. Possivelmente, segundo o costume de certos países, os meninos dormiam com o pai e as meninas dormiam com a mãe; e o quarto do marido ficava logo na entrada da casa, para a rua. Ou não existia ainda esse móvel vergonhoso chamado cama de casal.

Na outra parábola, a viúva continua a insistir, a tal ponto que, por fim, o juiz resolve atendê-la, não por causa dela, mas, como diz pitorescamente o texto sacro, "para que, afinal de contas, ela não acabe por meter-me as mãos na cara".

Muitos tradutores não têm a coragem de traduzir ao pé da letra o que dizem tanto o texto grego do original como também a tradução latina, e amenizam o tópico dizendo "para que não venha molestar-me", como se não o estivesse molestando há tanto tempo.

Como no caso do amigo importuno, a insistência no pedir culmina numa situação hilariante. Tanto o homem em plena noite como também o juiz atendem, finalmente, ao pedido, obrigados pela importunação dos pedintes.

Sendo que toda parábola, como já foi dito, se compõe invariavelmente, de um *símbolo material* e de um *simbolizado espiritual*, é evidente que o motivo material e egoísta dos dois importunados não tem cabimento no simbolizado espiritual; Deus não pode sentir-se importunado por nossos pedidos, nem nos atende para se ver livre da nossa importunação. Essas comparações ilustram drasticamente a idéia central da parábola: o homem deve orar, pedir, buscar, bater tão impetuosamente como se incomodasse a Deus com as suas insistências, como se Deus fosse obrigado, quase forçado, a atendê-lo para se ver livre da suposta importunação do pedinte. Jesus sentiu a necessidade de exagerar hiperbolicamente a atitude do pedinte a fim de dar ênfase à absoluta necessidade do pedir, orar, buscar, bater.

Mas, agora perguntamos: por que essa necessidade de pedir, se Deus é onisciente, e sabe perfeitamente de que necessitamos, mesmo antes de pedirmos a Ele? Em outra ocasião, o próprio Mestre afirma explicitamente que "vosso Pai celeste sabe de que haveis mister, mesmo antes de lho pedirdes".

E apesar desta declaração categórica, continua Jesus a repetir que é necessário pedir sempre, e nunca deixar de pedir.

Essa atitude humana não pode ter por fim lembrar a Deus que necessitamos disto e daquilo, como se Deus pudesse esquecer-se de nós ou ignorar as nossas necessidades de cada dia. A finalidade do pedido ou da oração é, evidentemente, outra. A finalidade é crear em nós mesmos uma atitude tal que Deus nos possa atender, pois só "quando o discípulo está pronto o Mestre aparece".

As eternas leis cósmicas ou divinas funcionam com infalível precisão, com uma matemática absoluta, e não podem jamais deixar de funcionar. Mas elas só podem funcionar onde há um ambiente propício para seu funcionamento. Na natureza extra-hominal essas leis funcionam automaticamente, porque o ambiente propício sempre existe, graças à mecanicidade das leis da natureza. O Sol sempre nascerá no Oriente e se porá no Ocidente, sem adiantar nem atrasar um único segundo. A planta sempre florescerá e frutificará segundo as suas leis intrínsecas e infalíveis.

No mundo hominal, porém, podem existir ou não existir as circunstâncias para o funcionamento ou não funcionamento das leis cósmicas. O homem pode possibilitar ou impossibilitar, em sua pessoa, o funcionamento das leis de Deus. Onde impera o livre-arbítrio, nada é previsível. Deus quer dar ao homem os bens que em Deus estão, mas o homem pode obstruir o seu recipiente humano e não receber o dom do doador divino, e pode também abrir e alargar o seu recipiente ao ponto de receber em maior medida a dádiva divina. O recipiente humano, como se vê, é muito elástico, estreitável e alargável.

O pedir, orar, buscar, bater, têm por fim alargar cada vez mais o recipiente humano.

O velho adágio filosófico "o recebido está no recipiente segundo a capacidade do recipiente" ilustra bem esta verdade. Todo finito recebe do Infinito aquilo que corresponde à medida maior ou menor da sua finitude. Se a capacidade do finito for igual a 10, o recipiente receberá 10; se for igual a 50, receberá 50; se for igual a 100, receberá 100. Quem vai ao oceano com um copo, colherá um copo de água salgada; quem vai com um litro, colherá um litro; quem vai com um balde, colherá um balde — não por causa do oceano, mas por causa da capacidade do copo, do litro e do balde.

Para receber da Infinita Plenitude, deve o homem finito ampliar a sua finitude, que tem muitos graus, mas cuja potencialidade pode ser aumentada por seu livre-arbítrio.

A ordem de orar, pedir, buscar, bater, nada tem de ver com Deus; tem de ver unicamente com o homem.

Suponhamos que alguém esteja, em pleno meio-dia, numa sala totalmente às escuras, de janelas fechadas. Para que entre luz solar não é necessário dirigir-se ao Sol, ou pedir que ele mande seus raios nesta direção; basta abrir uma janela na direção do Sol, abri-la pouco para receber pouco Sol, abri-la muito para receber muito Sol.

Uma planta volta suas folhas ao Sol para receber luz e calor e poder crescer, florescer e frutificar — mas o Sol não é afetado por nada disto.

O livre-arbítrio do homem é o seu maior privilégio — e também o seu maior perigo. O uso ou falta de uso da sua liberdade torna o homem melhor ou pior. Pelo livre-arbítrio é o homem o seu próprio Deus — e também o seu antiDeus, o creador do seu céu ou do seu inferno.

O destino cósmico depende de Deus somente — mas o destino humano depende do homem, não na zona independente do livre-arbítrio, mas na zona da sua liberdade. As circunstâncias externas podem, sem dúvida, facilitar ou dificultar o exercício do livre-arbítrio — mas nenhuma circunstância me pode obrigar a ser bom, nem a ser mau.

Resumindo, podemos afirmar que estas duas parábolas, do amigo importuno e do juiz iníquo, são uma verdadeira apoteose do livre-arbítrio humano.

Maldição da figueira estéril
(Mt 21, 18-22; Mc 11, 12-14)

A figueira estéril. Quando, muito de madrugada, voltou à 18
cidade, teve fome. Viu uma figueira à beira do caminho, aproxi- 19
mou-se dela, mas não lhe encontrou senão folhas. Disse então a
ela: "Nunca jamais nasça em ti fruto algum!". Imediatamente a 20
figueira secou. À vista disso observaram os discípulos, cheios de
admiração: "Como secou tão depressa a figueira!"
Replicou-lhes Jesus: "Em verdade, vos digo que, se tiverdes fé 21
e não vacilardes, não somente fareis o que sucedeu à figueira; mas,
se disserdes a este monte: Sai daqui e lança-te ao mar — assim 22
acontecerá. Tudo que pedirdes com fé, na oração, alcançá-lo-eis".

O homem deve ser espiritualmente fecundo, mesmo em ambiente desfavorável

Esta parábola, a par das do administrador desonesto e dos trabalhadores na vinha, tem causado desapontamento e até revolta a muitos leitores.

É que toda parábola é incompreensível e paradoxal quando visualizada da perspectiva da inteligência unilateralmente analítica, em que se encontra o grosso da humanidade. As parábolas nasceram de uma intuição espiritual, e somente dessa altura é que podem ser realmente compreendidas.

Tentemos compreender o sentido real das palavras do Mestre: a maldição da figueira estéril.

O texto, referido por Mateus e Marcos, é bem conhecido: certo dia, passava Jesus com seus discípulos por uma figueira à beira da estrada e aproximou-se dela para procurar frutos, porque estava com fome. Mas não encontrou fruto algum, pois, diz o texto, não era tempo de figos. A figueira cultivada produz figos na primavera ou no verão; no outono e no inverno perde as folhas e não produz frutos.

Jesus, vendo que a figueira estava cheia de folhas, esperava que tivesse frutos; mas não encontrou nada, porque não era tempo de figos; e ele disse: "Nunca mais ninguém coma fruto de ti".

No mesmo instante, a figueira começou a murchar.

No dia seguinte, passaram Jesus e seus discípulos pela mesma estrada, e os discípulos, vendo a figueira seca, exclamaram: "Olha, Mestre, como ela secou depressa!"

Que sujeito atrabiliário esse Jesus! dirá qualquer profano, sobretudo o profano erudito. Vingar-se de uma figueira inocente pelo fato de ela não ter produzido fruto quando, segundo as leis da natureza, que são as leis de Deus, nem podia produzir fruto.

A figueira da parábola, que simboliza o homem, tinha folhagem sem fruto, sinal de que não era fiel à sua natureza. Toda figueira, quando não tem fruto, também não tem folhas. No inverno ela está sem fruto nem folhas.

Na natureza extra-hominal não ocorre semelhante fenômeno, uma vez que as leis da natureza são automáticas e obedecem instintivamente à ordem da Inteligência Cósmica. Na natureza humana, porém, pode acontecer esse paradoxo: muita folhagem sem fruto algum, muitas exterioridades sem nenhuma interioridade.

Sendo que o símbolo espiritual da parábola visa ao homem, segue-se que o Mestre se refere a um ser humano fecundo nas coisas do ego externo e infecundo no seu Eu interno. A maldição não se refere, portanto, ao símbolo material, à figueira física, mas sim ao simbolizado espiritual da figueira metafísica, ao homem espiritualmente estéril.

O filósofo inglês Bertrand Russell, no seu livro *Porque não sou cristão*, não compreendeu esse sentido místico da parábola, e por isto censura Jesus por ter amaldiçoado uma planta inocente.

Esse desapontamento do homem profano é compreensível. Mas o erro está precisamente nesse plano da sua ignorância. A parábola parte do plano material e vai ao plano espiritual. É evidente que, no plano material do símbolo, a figueira não tinha outra alternativa a não ser a de infecundidade. Neste plano, e somente neste plano, não há nenhuma culpa nem lhe cabe maldição alguma; ela fez o que podia fazer segundo as leis de Deus.

Bem diferente, como já dissemos, é o caso no plano espiritual do simbolizado, único plano que faculta uma compreensão verdadeira.

O homem dotado de livre-arbítrio não tem apenas uma possibilidade de ser frutífero em condições favoráveis; pode ser frutífero também em circunstâncias desfavoráveis. O homem, graças ao seu livre-arbítrio, transcende as leis automáticas da natureza; pode produzir frutos bons tanto em tempo propício, quando rodeado de circunstâncias favoráveis, como também em tempo desfavorável, quando cercado de circunstâncias adversas, mesmo quando parece ser impossível ser bom. O homem não é necessariamente o produto do meio em que vive e, se o é, prova ser derrotado pelas circunstâncias. Quem é bom em tempo bom é precariamente bom — mas quem é bom em tempo mau, esse é heroicamente bom. Quem produz frutos quando é tempo de frutos é um homem virtuoso — mas quem produz frutos quando, segundo as circunstâncias, não é tempo de frutos, esse é um homem sábio, um homem perfeito, um homem crístico. Ser bom com os bons é fácil. Ser bom no meio dos maus é difícil. "O Reino dos Céus sofre violência — e somente os que usam de violência o tomam de assalto".

Os grandes Mestres espirituais da humanidade, sobretudo o Cristo, não simpatizam muito com certos virtuosos, que são bons no meio dos bons; mas sim com os heróis da sapiência, que são bons no meio de maus, puros entre impuros, livres no meio de escravos, luz no meio de trevas.

A alma da parábola é, repetimos, o simbolizado espiritual, e não apenas o símbolo material. No plano do simbolizado espiritual existe sempre a possibilidade de produzir fruto fora da estação, a despeito das adversidades da natureza e da perversidade dos homens. Se o Reino dos Céus fosse a querência dos que frutificam em tempo propício e fácil, já estaria o céu povoado de covardes e comodistas. Mas o céu verdadeiro, que está dentro de cada homem, não é para os comodistas, os covardes, os medíocres, os passeadores em largas avenidas; o Reino dos Céus sofre violência, e somente os fazedores de violência contra si mesmos o tomam de assalto, como uma fortaleza aparentemente inexpugnável.

A parábola frisa a necessidade que o homem realmente espiritual tem de se emancipar da tirania das circunstâncias humanas e proclamar a soberania da sua substância divina.

No fim, acrescenta Jesus que quem tem fé, isto é, *fides*, fidelidade, sintonia perfeita com o mundo da realidade divina, esse fará mais do que ele fez com a figueira, fazendo-a secar imediatamente;

esse homem poderá até transportar montanhas pelo poder do espírito. "Tudo é possível àquele que tem fé", ao homem que está realmente identificado com a alma do Universo, cuja onipotência é partilhada pelo homem sintonizado com a alma da Divindade.

Este homem poderá até produzir frutos no meio de circunstâncias adversas.

A videira e os seus ramos
(Jo 15, 1-11)

A vide e as varas. Eu sou a vide verdadeira, e meu Pai é 2
o jardineiro. Corta toda a vara que em mim estiver sem produzir
fruto; mas toda a que der fruto limpa-a para que produza fruto 3
ainda mais abundante. Vós já estais limpos em virtude da palavra 4
que vos falei. Permanecei em mim, e eu permanecerei em vós.
Do mesmo modo que a vara não pode produzir fruto de si
mesma, se não ficar na videira, assim nem vós, se não ficardes 5
em mim. Eu sou a videira, vós sois as varas. Quem fica em mim
e no qual eu fico produz muito fruto; porque sem mim nada 6
podeis fazer. Quem não ficar em mim será lançado fora como a
vara e secará; recolhe-se e deita-se ao fogo para queimar. 7
Se ficardes em mim e se minhas palavras ficarem em vós, 8
pedi o que quiserdes e alcançá-lo-eis. Nisto é glorificado meu
Pai: em que deis muito fruto e proveis ser discípulos meus. 9
Como meu Pai me amou, assim vos tenho eu amado. 10
Permanecei no meu amor. Se guardardes os meus mandamen-
tos, permanecereis no meu amor, assim como eu também per-
maneço no amor de meu Pai, guardando-lhe os mandamentos. 11
Disse-vos isto para que minha alegria esteja em vós e seja
perfeita a vossa alegria.

A vitalidade do Cristo flui através das almas cristificadas

Esta parábola focaliza alguns aspectos profundamente místicos, que só os verdadeiros iniciados compreenderão devidamente.

Acima de tudo, afirma a presença do Cristo interno no ser humano. Quem identifica a entidade cósmica do Cristo com a personalidade de Jesus, não pode aceitar a presença do Cristo em cada homem.

"Eu estou em vós, e vós estais em mim" — estas palavras são totalmente enigmáticas a quem só conhece o Jesus histórico do 1º século, que viveu na Palestina, e nada sabe do Cristo cósmico, que está conosco todos os dias até a consumação dos séculos.

O Verbo se fez carne, diz o 4º Evangelho, e fez habitação em nós. Tanto o texto grego do 1º século, como também a tradução latina, dizem "em nós" (*en hemin, in nobis*); nenhum texto diz "entre nós". Se o Verbo, o Cristo cósmico, depois da encarnação em Jesus de Nazaré, fez habitação em nós, então agora habita em cada um de nós. O Cristo cósmico, que se revestia da natureza humana de Jesus, e depois da ressurreição cosmificou e cristificou esse Jesus, universalizou-se na forma do Jesus cosmificado. E, nesse estado, o Cristo habita em cada um de nós.

Sem a compreensão desta "inabitação" do Cristo no homem, é incompreensível toda a parábola da videira e seus ramos, que frisa a identidade da vida una e única no tronco da videira (Cristo) e em seus ramos (homens).

Depois de afirmar essa identidade da vida do Cristo e de cada homem, a parábola apresenta duas modalidades dessa vivência dos ramos na videira: um ramo da videira pode ser *estéril*, apesar de estar na videira — e um ramo pode ser *frutífero*: "Quem, estando em mim, não produzir fruto..., quem, estando em mim, produzir fruto...".

Quer dizer que um homem pode estar *externamente* no Cristo, sem ser *internamente* do Cristo; um homem pode ser *cristão*, sem ser *crístico*; um homem pode ser nominalmente do Cristo, sem viver realmente de acordo com o espírito do Cristo; pode ser espiritualmente estéril, apesar de ser ritualmente cristão.

Há cerca de um bilhão de cristãos no mundo — e quantos deles serão crísticos?

"Quem, estando em mim, não produzir fruto, será cortado e lançado fora para ser queimado."

Com estas palavras afirma o Evangelho, mais uma vez, a possibilidade da extinção da individualidade humana, se não for cristificada. A alma humana não é imortal, mas imortalizável; a imortalidade potencial faz parte da natureza humana, é um presente de berço, mas a imortalidade atual é uma conquista da consciência. O homem, mesmo cristão, mas não cristificado, sucumbirá à "morte eterna", à total extinção no fim do seu ciclo evolutivo.

Por fim, a parábola descreve a sorte do ramo da videira frutífero, isto é, do homem que, estando no Cristo, produz fruto de vivência crística. E o que a parábola diz desse homem é, à primeira vista, aterrador: o homem de frutificação crística "será podado a fim de produzir fruto mais abundante". A poda (em latim *purificatio*, em grego *katharsis*) consiste em cortar a maior parte do ramo da videira, deixando apenas uma pequena parte, com o fim de fazer concentrar nessa parte toda a seiva vital da planta e, na primavera, fazê-la produzir fruto mais abundante. A poda, ou purificação, é uma espécie de sofrimento. Todo o viticultor sabe que um ramo de videira, quando podado, "chora" durante algum tempo, fazendo pingar no chão suas "lágrimas", a seiva que sai do ferimento. Sem essa dolorosa catarse, não há frutificação abundante.

O sofrimento purificador a que, segundo a parábola, é sujeito o homem cristicamente frutífero, não é uma punição, não é um sofrimento-débito, mas sim um sofrimento-crédito, o sofredor não sofre para pagar débito, próprio ou alheio; sofre para aumentar o seu crédito.

Na Sagrada Escritura ocorrem diversos casos de sofrimento-crédito.

Job sofre, não por ser pecador, mas para aumentar a sua santidade.

O cego de nascença nasceu cego, não por pecados próprios, nem por pecados de seus pais, mas para que nele se manifestassem as obras de Deus para que aumentasse o seu crédito espiritual.

Jesus, redivivo, declara aos discípulos de Emaús, escandalizados com o sofrimento de um justo, que ele devia sofrer tudo isto para assim entrar em sua glória, para promover a evolução espiritual do seu Jesus humano.

Os nossos teólogos teriam respondido que Jesus sofreu para salvar a humanidade, como é tradição rotineira há quase 2000 anos; o Mestre, porém, declara aos discípulos de Emaús que ele sofreu tudo isso "para entrar em sua glória", para consumar a sua própria evolução crística, de acordo com aquilo que dissera no Gólgota, "está consumado"; não se referia à redenção da humanidade coletiva, mas sim à cristificação total da humanidade individual do seu Jesus humano.

Em todos esses casos, há sofrimento-crédito.

Na parábola da videira, reaparece esse mesmo sofrimento-crédito: o homem que produz fruto é sujeito a um sofrimento purificador para que produza fruto ainda mais abundante.

As leis cósmicas têm caráter nitidamente evolutivo, ascensional.

Quem é *bom* deve tornar-se *melhor*, a fim de culminar no *ótimo*. Por outro lado, o *mau* que se recusa a tornar-se bom se tornará *pior*, até baixar a ser *péssimo* – e o péssimo acaba no zero da extinção. As leis cósmicas não estão interessadas em perpetuar estagnação, nem descer à involução; as leis cósmicas exigem imperiosamente evolução ascensional. Quem não progride, regride, e a regressão acaba no nadir da morte eterna, assim como a evolução culmina no zênite da vida eterna.

Deus é a lei cósmica. Nele não há sentimentalismos piegas. Quem não se *realiza* se *desrealiza*; quem não se *integra* no Infinito se *desintegra*.

"Quem não produzir fruto será cortado e lançado fora — quem produzir fruto será purificado para que produza fruto mais abundante".

Esta parábola revela o monismo absoluto da realidade divino-crística. O Uno se revela como Verso em todo o Universo. Na natureza infra-hominal, o Verso das creaturas é automaticamente governado pelo Uno do Creador; no ser humano, porém, mercê do livre-arbítrio, a consciência da presença de Deus pode ser intensificada — e pode também ser debilitada; o homem pode crear em si a pleni-consciência da presença de Deus, como aconteceu em Jesus — e pode também obliterar totalmente a consciência dessa presença, como talvez tenha acontecido na alma de Judas Iscariotes.

O uso ou abuso do livre-arbítrio, como se vê, é responsável pelo bem ou pelo mal que o homem fizer.

Caprichos pueris
(Mt 11, 16-19; Lc 7, 31-35)

Caprichos pueris. A quem hei de comparar esta geração? 16
São como crianças sentadas na praça a gritar a seus companheiros:
À flauta vos temos tocado — e não bailastes. 17
Cânticos tristes tangemos — e não chorastes.
Apareceu João Batista, que não comia nem bebia — e 18
diziam: Está possesso do demônio. Apareceu o Filho do homem, 19
que come e bebe — e dizem: Eis aí um comilão e bebedor de
vinho, amigo de publicanos e pecadores! Entretanto, a sabedoria
foi justificada pelas suas próprias obras.

O homem sapiente não é afetado pela opinião pública

Certo dia ouviu Jesus murmúrios e fofocas em redor de si; eram dois grupos de descontentes que altercavam entre si: os rigoristas e os laxistas. Os rigoristas diziam: João Batista, esse sim, é um santo de verdade; vive em rigorosas austeridades, alimentando-se de mel silvestre e das vagens da árvore do gafanhoto; mas esse tal profeta de Nazaré é amigo de boas iguarias e de vinhos capitosos; aceita até convites a banquetes de publicanos e pecadores.

Os laxistas, por outro lado, exultavam e diziam: Esse Jesus, sim, é um santo moderno, come e bebe como nós; vive em plena sociedade; não mora no deserto nem é possesso do mau espírito da claustrofilia, como esse mergulhador João.

Houve veemente discussão entre os fariseus rigoristas e os saduceus laxistas sobre a pessoa do Nazareno e seu *modus vivendi*.

Jesus, ouvindo dessa dissensão, respondeu-lhes com uma parábola que tanto tem de hilariante quanto de espirituoso. Disse-lhes: "Com que hei de comparar essa gente? São como crianças sentadas em praça pública, formando dois partidos: o dos dançarinos folgazões e o dos choramingueiros tristonhos. Uns dizem: À flauta vos tocamos — e não bailastes. Os outros se queixavam: Cânticos tristes tangemos — e não chorastes. Veio João, que não comia nem bebia, e dissestes: Está possesso do demônio! Veio o Filho do Homem, que come e bebe, e dizeis: Eis aí um comilão e bebedor de vinho!"

Esta parábola faz lembrar a história do velho, do menino e do burro, e tantas outras parábolas de Esopo, de La Fontaine e de outros narradores.

Não é possível contentar a todos. Quando alguém leva vida austera de asceta, descontenta os laxistas; quando leva vida normalmente humana, irrita os rigoristas.

E conclui o Mestre com umas palavras um tanto enigmáticas: "Entretanto, a sabedoria é justificada por seus filhos". Outro evangelista diz: "A sabedoria é justificada por suas obras".

Por que esta divergência de opiniões?

É que todo o modo de pensar dos profanos, dos intelectualistas analíticos, é como linhas divergentes, que não se encontram umas às outras, ao passo que a intuição espiritual dos sábios assemelha-se a linhas paralelas que, segundo a geometria, se encontram somente no Infinito; ou até a linhas convergentes, que se encontram mesmo no finito. Quando o sábio intui a Verdade e age de acordo com a sua intuição, raras vezes é compreendido pelos eruditos intelectualistas, porque estes operam em outra dimensão. A zero-dimensão do sábio não pode ser compreendida pelos analíticos, que vivem na segunda ou terceira dimensão do profano. O ego é invariavelmente tridimensional; age de acordo com sua natureza físico-mental-emocional; age segundo as categorias de tempo-espaço-casualidade. O ego é como um prisma triédrico, que dispersa a luz incolor da Verdade única na faixa multicor das facticidades, cujas cores não harmonizam umas com as outras; o verde não aprova o vermelho, o azul não se concilia com o amarelo. A luz incolor da Verdade não briga com as cores, mas estas brigam entre si. Ou, na frase genial da *Bhagavad Gita*: "O ego é o pior inimigo do Eu, mas o Eu é o melhor amigo do ego".

A sabedoria da Verdade não luta com a erudição das ilusões — mas essas lutam com aquela e lutam entre si.

O tolo não compreende o sábio — mas o sábio compreende o tolo.

Os egos insipientes discordam do Eu sapiente —, mas o Eu sapiente compreende os egos insipientes.

O homem profano gosta de comer e beber bem, e abusa dos prazeres da vida.

O homem místico recusa estas satisfações e só vive em Deus.

O homem cósmico, porém, não abusa, como o profano, nem recusa, como o místico; mas usa simplesmente os bens da vida, porque os considera como meios, mas nunca como fins em si mesmos.

Quem abusa considera os bens da vida como fim supremo. Quem recusa não os considera nem como fim nem como meio. Quem usa os bens da vida não os considera como um fim, mas sim como meio para conseguir um fim superior.

A verdadeira sabedoria é justificada por seu filhos, em suas obras.

Evidentemente, o divino Mestre não era um místico, ao menos não nos três anos da sua vida pública; muito menos ainda era um profano; mas era um homem cósmico. Não abusava, nem recusava, mas usava.

E por esta razão não era compreendido nem pelos profanos nem pelos supostos místicos do seu tempo.

O grão de mostarda
(Mt 13, 31-33; Mc 4, 30-34; Lc 13, 18-19)

O grão de mostarda. Propôs-lhes mais uma parábola: "O 31
reino dos céus é semelhante a um grão de mostarda, que um
homem tomou e semeou no seu campo esta a mais pequenina 33
dentre todas as sementes; mas, quando crescida, fica maior que
as outras hortaliças, chegando a ser árvore, de maneira que as
aves do céu vêm habitar nos seus ramos".

A aparente pequenez da grandeza do espírito

Na parábola do grão de mostarda, focaliza o Mestre a aparente impotência da onipotência espiritual, quase sempre oculta pelas ilusórias grandezas das coisas materiais. Os nossos sentidos e o nosso intelecto não percebem numa semente senão os contenedores externos, e nada sabem do conteúdo interno, da vida invisível, que creou esses invólucros visíveis. O conteúdo vivo vivifica os contenedores mortos, mas o homem profano só enxerga os envoltórios vivificados e ignora o centro vivificante. O homem empírico-analítico nada sabe da Vida, só conhece os vivos e, enquanto não entrar numa nova dimensão de consciência, nunca saberá o que é a Vida que produz os vivos, o Creador que crea as creaturas, a Realidade que causa as facticidades.

A parábola do grão de mostarda é um convite para descobrirmos a Realidade da Vida em todas as facticidades vivas. A Vida é imanente em todos os vivos. A Vida não é algo justaposto aos vivos, mas é sua alma, sua íntima essência, é o Uno que produz o Verso, formando o Universo.

A melhor palavra para designar Deus seria Vida. Em face da Vida não há ateus. A Vida é a Realidade universal do cosmos, que nunca foi negada por ninguém.

Deus não é algo transcendente ao mundo, ele, a Vida, é imanente ao mundo, como a Vida; Deus é a alma do Universo, e o Universo é o corpo de Deus, como dizia Spinoza.

De forma semelhante, o Reino de Deus no homem não é algo adicionado ao homem, algo como um artigo de luxo que o homem use de vez em quando, como enfeite festivo. "O Reino de Deus está dentro de vós", assim como a Vida está dentro dos vivos; é a alma, essência e quintessência do homem. Nenhum vivo seria vivo se nele não estivesse a Vida, e se ele não estivesse na Vida; todo vivo pode dizer: eu e a Vida somos um; a Vida está em mim, e eu estou na Vida — mas a Vida é maior que eu.

Deus é a Vida, e nós somos os vivos. Essencialmente, cada um de nós é Vida; existencialmente, somos vivos.

Quando os vivos se deixam penetrar totalmente pela Vida, então os próprios vivos, a princípio pequeninos como um grãozinho de semente, serão engrandecidos pela Vida, e os vivos pequenos serão a tal ponto beneficiados pela Vida que se tornarão vivos grandes. O maior benefício que o vivo pode fazer a si mesmo é deixar-se penetrar pela Vida. A Vida é o maior benfeitor dos vivos. O Eu divino é o maior benfeitor do ego humano, embora este, na sua ignorância, muitas vezes seja inimigo do Eu. Neste sentido diz Krishna na *Bhagavad Gita*: "O Eu é o maior amigo do ego, embora o ego seja o pior inimigo do Eu".

E o próprio Cristo, no Evangelho, afirma: "Quem quiser salvar a sua vida (ego), perdê-la-á; mas quem perder a sua vida por amor de mim e do Evangelho (Eu) salvá-la-á".

O maior benefício que o ego humano pode fazer a si mesmo é entregar-se e integrar-se totalmente no Eu divino; e o maior malefício que o ego humano pode fazer a si mesmo é isolar-se em si mesmo e resistir à sua integração no Eu divino.

O ego que não se integra no Eu se desintegra. O ego que tenta realizar-se sem o Eu se desrealiza. Mas o ego que se integra no Eu, que integra o seu pequeno finito no grande Infinito, esse eterniza o próprio ego, graças à sua integração no Eterno. E quando o ego humano se integra voluntariamente no Eu divino, pela mística do primeiro e maior de todos os mandamentos, então não somente se beneficia a si mesmo, mas torna-se benfeitor também de outros egos humanos, pela ética do segundo mandamento, amando o seu próximo como a si mesmo. Por isto diz o Mestre que as aves do espaço fazem os seus ninhos nos ramos da mostardeira — outros homens encontram refúgio e refrigério no homem que se refugiou e realizou em Deus, que atingiu a sua maturidade e plenitude no Infinito.

Para fazer bem aos outros é necessário ser bom em si mesmo. Quem não é bom não pode fazer bem. Para ser benfeitor alheio é necessário o homem ser ele próprio auto-realizado. É esta a inexorável matematicidade da mística.

É uma velha e funesta ilusão querer fazer bem aos outros sem ser bom em si mesmo. A ética sem a mística é uma pseudo-ética, uma funesta utopia; pode ser que seja moralidade, altruísmo, filantropia, mas não é verdadeira ética, que é sempre um transbordamento espontâneo da mística. A consciência da paternidade única de Deus transborda irresistivelmente na vivência da fraternidade universal dos homens — e só isto é ética genuína e verdadeira.

No Oriente, há uma espécie de mostardeira que chega a dar uma árvore de alguns metros de altura, oferecendo guarida às aves, como diz a parábola.

O homem, quando plenamente desenvolvido no seu *ser-bom* místico, é sempre um benfeitor no seu *fazer-bem* ético, muitas vezes sem o saber.

Ser bom não é ser *bonzinho*, menos ainda ser *bombonzinho*. Muitas vezes ser bom parece até ser mau; por vezes o nosso ser-bom exige rigor, disciplina, aparente crueldade. Quem permite passivamente todos os abusos ao redor de si, sob pretexto de ser bom, não é bom. Ser bom é ser intransigente amigo da verdade, de retitude, da justiça, da ordem e disciplina.

Quando Jesus expulsou os vendilhões do templo revelou-se um homem realmente bom.

Nós, quando agimos com severidade e rigor, agimos muitas vezes em defesa do nosso ego humano, ofendido, e isto não é ser bom. Mas quem age com rigor e severidade em defesa de uma causa sagrada, esse é realmente bom, talvez cruelmente bom, embora os homens mundanos o tachem de mau.

O homem realmente bom deve ter a coragem de ser considerado mau por aqueles que não são bons. Ser *bem-bom* é, muitas vezes, o contrário de ser bom.

O homem realmente bom é o maior benfeitor da humanidade.

Homens realmente bons, auto-realizados, irradiam poderosas auras, mesmo que ninguém saiba da sua existência. Um homem que chegou à plenitude do amor, dizia Gandhi, neutraliza o ódio de muitos milhões.

Na parábola do grão de mostarda, focaliza o Mestre, mais uma vez, os dois mandamentos da mística revelada em ética, "nos quais estão toda a lei e os profetas", nos quais está toda a religiosidade, toda a auto-realização do homem.

Um átomo de metafísica produz um mundo de física.

Se a vida do grão de mostarda eclodir na vitalidade da planta e beneficiar outros homens, então o Reino de Deus será proclamado sobre a face da terra, e haverá um novo céu — e também uma nova terra.

Visão dos tesouros celestes pelo olho simples
(Mt 6, 19-24)

Tesouros terrestres. Não acumuleis para vós tesouros na 19
terra, onde a traça e a ferrugem os destróem, onde os ladrões 20
penetram e os roubam. Acumulai para vós tesouros no céu, onde
nem a traça nem a ferrugem os destróem, onde os ladrões não 21
penetram nem os roubam. Pois, onde está o teu tesouro, aí
também está o teu coração.

O olho é a luz do teu corpo. Se o teu olho for simples, estará 22
em luz todo o teu corpo; se, porém, o teu olho for mau, estará em 23
trevas todo o teu corpo. Ora, se a própria luz em ti se houver
tornado em trevas, quão grandes serão essas trevas!

Ninguém pode servir a dois senhores; ou aborrecerá a um e 24
amará a outro; ou respeitará a este e desprezará aquele. Não podeis
servir a dois senhores: a Deus e às riquezas.

Pelo despertar da visão espiritual enxerga o homem a realidade eterna

"Não acumuleis para vós tesouros na terra, onde a traça e a ferrugem os destróem, onde os ladrões penetram e os roubam. Acumulai para vós tesouros no céu, onde nem a traça nem a ferrugem os destróem, onde os ladrões não penetram nem os roubam. Pois, onde está o teu tesouro, aí também está o teu coração.

O olho é a luz do teu corpo. Se teu olho for simples, estará em luz todo o teu corpo; se, porém, o teu olho for mau, estará em trevas todo o teu corpo. Ora, se a própria luz em ti se houver tornado em trevas, quão grandes serão essas trevas!... Não podeis servir a dois senhores: a Deus e às riquezas."

Nesta parábola frisa o Mestre a insensatez dos profanos, que só pensam em acumular tesouros materiais — e enaltece a sabedoria do homem espiritual que, acima de tudo, realiza em sua alma tesouros divinos.

Para compreender esta sapiência e aquela insipiência, não se requer nenhuma religiosidade, no sentido usual da palavra, basta o mais comezinho bom senso e a mais simples lógica. Nunca ninguém levou consigo um único centavo de todos os seus milhões, nem um único átomo de todas as suas propriedades. No ponto zero em que entrou na vida, sairá dela, no tocante a posses materiais quantitativas. Se não realizou dentro de si posses espirituais, qualitativas, perdeu 50 ou 80 anos de existência, com o agravante de partir daqui com pesados débitos espirituais, débitos com que não entrou na vida terrestre; porquanto o Creador não concede ao homem potencialidades para não serem atualizadas, como se depreende do caso do terceiro servo da parábola dos talentos, que é condenado como "servo mau e preguiçoso" pelo fato de não ter feito funcionar a creatividade que recebera do Creador. E por não ter aproveitado a sua creatividade, perdeu até a sua creaturidade.

A finalidade do homem, aqui na Terra, consiste em realizar as suas faculdades realizáveis, em atualizar as suas potencialidades. A vida terrestre é um período de teste, uma escola de auto-realização. Quem pode deve; e quem pode e deve e não faz crea débito — e todo débito gera sofrimento. As leis cósmicas não permitem servos inertes. Quem não realiza pela creatividade os talentos realizáveis, perderá até a sua creaturidade pela extinção da sua individualidade; sucumbe à "morte eterna". Quem não se realiza se desrealiza. Quem não se integra se desintegra, é esta a inexorável lógica e matematicidade das leis eternas, que nenhum homem pode burlar impunemente.

Produzir quantidades em tesouros materiais, sem crear qualidade em tesouros imateriais, é ser servo mau e preguiçoso. As quantidades são ilusórias e voltarão ao nada — a qualidade é verdadeira e dura eternamente.

Logo depois de proferir estas palavras sobre os tesouros terrestres e os tesouros celestes, passa Jesus imediatamente a uma comparação enigmática, que parece não ter nexo algum com o precedente: fala do "olho que é a luz do corpo". Diz que, se esse olho for simples, todo o corpo estará em luz; mas se o nosso olho se tornar mau, todo o nosso corpo está em trevas.

O texto não fala de "olhos", mas de "olho".

A que olho se refere o Mestre? E por que diz ele que esse olho é simples e é a luz do corpo? E que relação existe entre esse olho simples, esse olho-luz, e o corpo humano? Além disto, que interdependência existe entre esse olho-luz e os tesouros celestes?

Através de quase 20 séculos têm os teólogos discutido essas palavras enigmáticas de Jesus. Muitos tradutores, antigos e modernos, abandonaram o texto inspirado do primeiro século por outros textos de sua invenção. Em vez de "olho" dizem "olhos"; em vez de "simples" dizem "bom" ou "são".

Bem dizia Paulo de Tarso que "o homem intelectual não compreende as coisas do espírito, que até lhe parecem estultície; nem as pode compreender, porque as coisas espirituais devem ser discernidas espiritualmente".

Os iniciados do Oriente, há milênios, falam de um "terceiro olho", do chamado "olho de Shiva", cujo abrimento, segundo eles, facultaria ao homem a clarividência ou cosmo-vidência, uma percepção de realidades não-sensoriais nem intelectuais. Esse "terceiro olho" está, dizem, atrofiado no homem comum; a hipertrofia da análise intelectual do ego humano atrofiou a visão intuitiva do Eu divino. Mas, através de prolongada e profunda meditação e silenciosa introvidência, dizem eles, pode o homem despertar em si esse "terceiro olho" e ver coisas não visíveis ao homem profano. O estado de êxtase ou *samadhi* equivale ao abrimento do "olho simples", do "olho-luz".

A conseqüência dessa visão cósmica seria a iluminação de todo o corpo, que perderia a sua opacidade e adquiriria uma diafaneidade transparente como cristal.

Pensam alguns que Jesus, no texto acima, tenha-se referido a esse olho espiritual, que existe potencialmente em todo ser humano, mas é atualizado em pouquíssimos.

Pelo abrimento ou despertamento desse "olho-luz" se dá uma grandiosa transformação do homem total. A partir daí, o homem não está mais interessado nos tesouros da terra, mas tão-somente nos tesouros do céu, a sua cosmo-vidência lhe revelou a única Realidade, enquanto os outros conhecem tão-somente facticidades ilusórias. Não está mais interessado em servir às riquezas, mas tão-somente ao espírito divino.

É esta a secreta afinidade vigente entre os tesouros celestes e o olho simples focalizado pela parábola.

Dizem os peritos que há uma relação entre a glândula pineal do cérebro e o olho simples, cujo local manifestativo se encontra, segundo os orientais, na base da testa, entre as sobrancelhas.

Ultimamente, alguns cientistas tentaram despertar esse olho dormente por meios técnicos. Aldous Huxley recorreu à mescalina, essência extraída de um fungo mexicano. Outros fizeram experiências com o ácido lisérgico LSD, e outros excitantes e entorpecentes.

Mas o resultado é precário e passageiro, mesmo contraproducente.

A abertura real e permanente do olho simples exige um treino árduo de longo período. Nem pode ser feita por meios artificiais, mas unicamente pelo despertar total do espírito divino no homem, feito principalmente pela verdadeira meditação.

O Mestre frisa o efeito do olho simples sobre todo o corpo humano, que é totalmente lucificado, permeado de luz.

O despertar desse olho simples do Eu requer o fechamento dos olhos do ego, dos olhos do corpo, da mente e das emoções. Enquanto estiverem em pleno funcionamento os olhos do ego profano, não pode abrir-se o olho do Eu místico.

Sabemos que todos os verdadeiros iniciados passaram por longos períodos de total silêncio e solidão conscientes — e assim despertaram em si o olho da visão espiritual.

Quando, no primeiro Pentecostes em Jerusalém, 120 pessoas abriram o "olho simples" da alma para a realidade do reino dos céus — qual foi a conseqüência imediata para a sua vida externa?

Refere mestre Lucas, nos "Atos dos Apóstolos", que esses felizes neófitos se desfizeram espontaneamente das suas posses materiais, pondo todos os seus haveres a serviço de todos. Quem descobre o tesouro celeste não se interessa mais pelos pseudotesouros terrestres, que São Paulo chama "lixo". A consciência do SER desvaloriza todas as ilusões do TER. Quando aparece a luz, desaparecem as trevas. Quem abre o olho do espírito fecha os olhos para a matéria.

"Quem não renunciar a tudo o que tem não pode ser meu discípulo."

Os trabalhadores na vinha
(Mt 20, 1-16)

Trabalhadores na vinha. O reino dos céus é semelhante a
um pai de família que, mui de madrugada, saiu a contratar 2
trabalhadores para a sua vinha. Ajustou com os trabalhadores o
salário de um denário por dia, e mandou-os para a sua vinha.
Pelas nove horas saiu outra vez, e viu outros na praça, ociosos. 3
Disse-lhes: Ide também vós para a minha vinha, e dar-vos-ei o 4
que for justo.
Foram-se. 5
Por volta das doze e das três horas da tarde tornou a sair, e
procedeu da mesma forma.
E, quando, pelas cinco horas da tarde, saiu mais uma vez, 6
encontrou outros que lá estavam; e disse-lhes: Por que estais 7
aqui o dia todo sem fazer nada? Ao que lhe responderam: por-
que ninguém nos contratou. Respondeu-lhes ele: Ide vós também
para a minha vinha.
Ao anoitecer disse o dono da vinha a seu feitor: Vai chamar 8
os trabalhadores e paga-lhes o salário, a começar pelos últimos 9
até aos primeiros. Apresentaram-se, pois, os que tinham entrado
pelas cinco horas, e recebeu cada qual um denário. Chegando, 10
porém, os primeiros, calculavam que iam receber mais; mas
também esses não receberam senão um denário cada um. E ao 11
recebê-lo, murmuraram contra o pai de família, dizendo: Esses 12
últimos trabalharam apenas uma hora, e os igualaste a nós, que
suportamos o peso e o calor do dia.
Meu amigo — respondeu ele a um da turma —, não te faço 13
injustiça. Pois não ajustaste comigo um denário? Toma, pois, o 14
que é teu e vai-te. Mas quero dar também a este último tanto 15
quanto a ti. Ou não me será lícito fazer dos meus bens o que
quero? o teu olhar é mau porque eu sou bom?
Assim é que os últimos serão os primeiros, e os primeiros 16
serão os últimos.

O ego humano deve ser recompensado, mas o Eu divino trabalha de graça

Mais uma das parábolas paradoxais de Jesus: diversos grupos de trabalhadores recebem o mesmo pagamento por períodos de trabalho totalmente diversos. Uns trabalham o dia todo, doze horas, das 6 às 18 horas; outros apenas uma hora, das 17 às 18 horas — e todos recebem o mesmo pagamento.

Onde está a justiça do trabalho?

Alguns intérpretes tentam justificar a aparente injustiça do pagamento afirmando que o último grupo trabalhou em uma hora mais intensamente que os outros; dizem que a intensidade compensou a falta de extensão. Esta explicação é um desesperado escapismo, e prova mais uma vez a impossibilidade de uma justificação no plano horizontal de tempo e espaço, em que esses exegetas se encontram.

Confessemos, lhana e sinceramente, que esta parábola não comporta explicação alguma no plano do nosso ego empírico-analítico.

Mas é um erro fundamental e funesto querer explicar uma verdade nascida da pura *intuição espiritual* pelos pobres expedientes da *análise intelectual*. Temos de explicar a parábola de um ponto de vista totalmente diferente.

O nosso ego vive *gastando* e *ganhando*, e não pode gastar mais do que ganha sem se esgotar e autodestruir. Se alguém gasta 12 horas de trabalho, tem de ganhar 12 recompensas, sob pena de se diminuir e acabar em 0. Trabalho é despesa, recompensa é receita; o trabalhador tem de ser compensado, completado, porque se descompensou, descompletou. No mundo das quantidades, quem se desquantifica tem de ser requantificado. Quem foi diminuído pelo trabalho tem de ser aumentado pela recompensa.

Se o ego humano não fosse um *composto quantitativo*, não teria necessidade dessa *requantificação* (pagamento) equivalente à *desquantificação* (trabalho).

A igualdade entre gasto e ganho é uma questão existencial para o ego, se ele gasta mais do que ganha, abre falência, acaba em zero, deixa de existir. Por isto, deve haver rigorosa justiça, justeza, reajustamento, entre o que o ego gasta em trabalho e o que ganha em recompensa. Se o homem-ego não é recompensado, ele se descompensa ou aniquila.

Toda a dificuldade em compreendermos esta parábola está no

fato de que o homem-ego, que constitui a quase totalidade do gênero humano, só é capaz de pensar em termos de *personalidade quantitativa*, divisível, e não em termos de *individualidade qualitativa*, indivisível. O Eu individual não gasta nem ganha, não se decompõe nem se recompõe — ao passo que o ego personal sofre de todas essas taras. Para compreendermos realmente a alma da parábola, deveríamos assumir uma perspectiva fundamentalmente diversa, ultrapassar todas as análises sucessivas, e vislumbrar tudo à luz de uma intuição simultânea. Mas quem é capaz disto?

Se a parábola girasse no plano material do símbolo quantitativo do ego, seria clamorosamente injusto o procedimento do empregador — e é esta a falsa suposição que subjaz a quase todas as tentativas de explicação.

A verdade, porém, é esta: a parábola não trata primariamente desse plano horizontal quantitativo do ego; baseia-se na premissa de que "o Reino de Deus não é deste mundo", não obedece àquele critério. As categorias de tempo e espaço não são o alicerce da parábola. Verdade é que o primeiro termo de comparação é um símbolo material e, como tal, obedece às categorias de tempo, espaço e quantidade. Mas o segundo termo é o simbolizado espiritual e, como tal, nada tem que ver com as categorias de tempo, espaço e quantidade, que são o ambiente do ego.

No mundo espiritual do Eu não há tempo, espaço e quantidade; há somente eternidade, infinito, qualidade. E como a alma da parábola é o simbolizado espiritual, e não o símbolo material (que é apenas seu corpo), a solução tem de ser dada na base da *realidade espiritual*, e não das *facticidades materiais*.

No mundo espiritual da realidade qualitativa do Eu não existe tal coisa como "recompensa". Nenhum Eu espiritual é *recompensado* por seu trabalho, porque não foi *descompensado* por esse trabalho. O Eu espiritual é indivíduo, indiviso e indivisível e como tal não pode ser decomposto para ser recomposto, não pode ser descompensado para ser recompensado. Toda e qualquer descompensabilidade e recompensabilidade são atributos do ego quantitativo, decomponível e recomponível, atributos esses que, de forma alguma, podem ser aplicados ao Eu qualitativo, não decomponível nem recomponível.

Nenhum dos trabalhadores na vinha é recompensado por seu trabalho; todos trabalham de graça, porque não vivem na dimensão mosaica da "lei" (ego), mas sim na dimensão crística da "graça" e da verdade (Eu).

Cada um desses trabalhadores poderia repetir as palavras do Cristo: "Quando tiverdes feito tudo que devíeis fazer, dizei: somos servos *inúteis* (sem crédito, sem direito a recompensa), porque cumprimos a nossa obrigação, nenhuma recompensa merecemos por isto". Esta seria a atitude de todos os trabalhadores, se todos estivessem na dimensão espiritual do Eu; mas não foi isto que aconteceu.

Todos estes grupos de trabalhadores na vinha do Reino de Deus deveriam ter compreendido que trabalhavam de graça; ninguém teria direito algum a pagamento, porque pagamento é algo que não existe no Reino de Deus; existe somente absoluta gratuidade; todos os trabalhadores cônscios da sua missão se sentiriam "servos inúteis", sem crédito nem direito a recompensa alguma. Quem se sente útil, credor de recompensa, prova que ainda está marcando passo no plano horizontal, quantitativo, da velha egoidade humana, e nada sabe da "nova creatura crística" do seu Eu divino.

Recompensar, compensar, pensar — são categorias do mundo do ego.

O ego deve ser recompensado, porque é mercenário.

O ego deve ser compensado, porque é incompleto.

O ego deve ser pensado, porque está ferido, e seus ferimentos devem ser pensados por algum enfermeiro.[1]

Os trabalhadores da parábola que querem ser mais amplamente recompensados por terem trabalhado mais tempo, não entraram ainda na consciência da graça e da verdade do Cristo, mas rastejam ainda nas baixadas da lei de Moisés. Não deixam de pertencer externamente ao Reino de Deus — assim como também as cinco virgens tolas são do Reino de Deus, porquanto "o Reino dos Céus é igual a dez virgens" — todos eles são *redimíveis*, mas nem todos são *redimidos*. Quem está atualmente na Cristo-vivência da graça e da verdade trabalha jubilosamente na vinha de Deus, seja por muito tempo, seja por pouco tempo, porque vive para além de tempo e espaço, no Eterno e no Infinito, onde não vigora a lei mercenária do ego. Sente-se como um "servo inútil", feliz em poder trabalhar de graça, pela graça e para a graça.

Em síntese elucidativa:

---

[1] Estranhamente, *pensar* é tanto um processo físico como também um processo mental, mas tanto este como aquele têm de ver com o nosso ego, que é *pensado*, por estar doente; que *pensa*, por ser fraco.

O Reino dos Céus é semelhante a um Pai de família que contratou operários para a sua vinha.

Contratou quatro turmas, cada uma das quais trabalhou como bons mercenários, e todos foram devidamente recompensados. A recompensa foi de um denário a cada operário. O denário equivalia a doze horas de trabalho, de 6 a 18 horas, conforme o empregador combinara previamente com a primeira turma, que de fato trabalhou doze horas, "suportando o peso e o calor do dia", como alega um da turma. Mas o empregador pagou um denário também aos outros que haviam trabalhado menos de doze horas, inclusive àqueles que haviam trabalhado apenas uma hora, das 17 às 18 horas, mas com os quais nada ajustou.

Com os da primeira turma o empregador combinou um denário por doze horas. Com a segunda turma combinou pagar-lhes o que fosse justo. Com as outras turmas apenas contratou, sem nada especificar. Com a última turma, que entrou às 17 horas, como dissemos, não contratou nada; apenas lhes disse: "Ide à minha vinha"; mandou que trabalhassem, sem falar em recompensa.

Quer dizer que quatro turmas trabalharam por contrato, para receberem recompensa equivalente ao seu trabalho. A quinta turma trabalhou só uma hora, sem "o peso e calor do dia", pois era pela tardinha.

Podemos dizer que as quatro primeiras turmas foram *recompensadas*, e os da quinta turma foram *agraciados*; estes últimos receberam um denário não merecido, mas dado de graça, tanto assim que o empregador diz: "Não me é lícito fazer do que é meu o uso que eu quero?"

As quatro primeiras turmas são dos *egos virtuosos*, recompensados por sua virtuosidade.

Os da última turma são os *Eus sapientes*, não recompensados, mas simplesmente agraciados.

O homem virtuoso não é capaz de trabalhar se não receber nada em retribuição, não na vida presente, mas na vida futura, pois ele não é do egoísmo terrestre, mas do egoísmo celeste, como diz Bergson.

Os virtuosos, ou egoístas celestes, segundo a parábola, também fazem parte do Reino dos Céus, como é ilustrado também no caso do jovem rico, que merecera a vida eterna por ter cumprido todos os mandamentos desde a sua infância; esse jovem era virtuoso, ótimo mercenário na vinha de Deus. Mas quando ele quer saber o que é que lhe falta ainda, além de ser virtuoso e ter direito à vida eterna, o Mestre lhe faz ver que "uma coisa te falta ainda". Não lhe faltava *virtude*, faltava-lhe *sapiência*, auto-realização; faltava-lhe ser bom sem nada esperar em retribuição por esse ser-bom. Esse jovem era *condicionalmente* bom; faltava-lhe ser *incondicionalmente* bom. Se assim fosse, não receberia apenas em retribuição a vida eterna, mas "um tesouro nos céus", e isto o Mestre chama "querer ser perfeito".

Para ser perfeito, auto-realizado, não basta não receber pagamento por ser bom, mas até desfazer-se livremente dos bens materiais que já se possui; não basta *não receber*, mas desfazer-se do *já recebido* — libertação total de toda e qualquer bagagem do ego, passada, presente e futura.

"Quando tiverdes feito tudo que devíeis fazer, dizei: somos servos inúteis; cumprimos a nossa obrigação, nenhuma recompensa merecemos por isso."

Ser servo inútil, sem crédito algum, e fazer tudo que se deve fazer — isto é ser perfeito e ter um tesouro nos céus.

As quatro primeiras turmas da parábola eram "servos úteis", os da última turma eram "servos inúteis". Estes últimos não trabalharam com intuito lucrativo; se receberam o denário, não o receberam como recompensa, mas como dom gratuito; aliás, o dono da vinha, como dissemos, não fez contrato algum com eles; simplesmente lhes deu de graça aquilo a que eles não tinham *direito*.

"Por Moisés foi dada a lei — pelo Cristo veio a verdade, veio a graça.". Os discípulos de Moisés trabalham dentro da lei, por recompensa — os discípulos do Cristo trabalham de graça, por amor.

Esta parábola termina com a idéia absurda do suposto "merecimento". Nenhum homem pode ter direito diante de Deus. Nenhum homem pode ter a pretensão de ser "credor" de Deus, e considerar Deus como seu "devedor". O Creador não pode dever nada à creatura.

O Mestre disse com absoluta clareza a seus discípulos: "Quando tiverdes feito tudo que devíeis fazer, dizei: somos servos inúteis; cumprimos a nossa obrigação — nenhuma recompensa merecemos por isso".

Ter merecimento, ter direito à recompensa, é ser credor de um Deus devedor.

Em vez do tal "merecimento", vamos usar a palavra recebimento do transbordamento da plenitude divina. Sendo Deus a Infinita plenitude, ele naturalmente transborda a sua plenitude para todos os lados. E quem está em condições de abertura ou receptividade, receberá desse transbordamento, e receberá na medida da sua receptividade. Receberá de graça essa graça divina; é o homem que determina a medida da sua receptividade. Mas isto não é merecimento no sentido usual do termo; é capacidade receptiva e nada mais. A condição principal para o recebimento desse transbordamento divino está no fato de o homem não se sentir como credor de Deus, e Deus como seu devedor. Esse erro funesto fecha todos os canais do homem, e a Fonte divina, por mais que transborde, não fluirá para dentro dos canais humanos, não por culpa de Deus, mas por culpa única do homem, que obstruiu seus canais.

A natureza toda recebe automaticamente esse transbordamento da plenitude divina, recebe inconscientemente, sem poder obstruir nem alargar os seus canais.

Mas o homem, dotado de certo livre-arbítrio, tem a possibilidade de abrir e alargar, ou então fechar e estreitar os seus canais.

Todos os dons de Deus são pura graça, nada é merecimento, pagamento, nem na natureza, nem no homem.

Essa atitude de espontâneo abrimento, em face do transbordamento da plenitude divina, enche o homem de jubilosa certeza e inefável felicidade.

Nenhum dos trabalhadores da vinha foi pago; todos receberam de graça o seu denário, e receberam de acordo com a sua receptividade, que era máxima nos que nada reclamaram, e mínima nos que reclamaram.

"Não tenho eu o direito de fazer dos meus bens o uso que eu quero?"

Fé incondicional
(Lc 17, 1-6)

Exortações aos discípulos. Disse Jesus a seus discípulos: "É
inevitável que venham incitamentos ao pecado; mas ai do homem
por quem vem! melhor lhe fora que lhe atassem ao pescoço uma 2
mó e o lançassem ao mar, do que ser ele ocasião de pecado a um
desses pequeninos.
Tende cuidado de vós mesmos! Se teu irmão pecar, repre- 3
ende-o; e, se se arrepender, perdoa-lhe. E, se pecar contra ti sete 4
vezes por dia, e vier ter contigo sete vezes dizendo: Estou ar-
rependido — perdoa-lhe".
Pediram os apóstolos ao Senhor: "Aumenta-nos a fé". 5
Respondeu o Senhor: "Se tiverdes fé, como um grão de 6
mostarda e disserdes a esta amoreira: Desarraiga-te e trans-
planta-te para o mar — obedecer-vos-á."

A fé cresce na razão em que o homem se liberta do egoísmo

Disseram os discípulos ao Senhor: "Aumenta-nos a fé!" Respondeu-lhes Jesus: "Se tiverdes fé, que seja como um grão de mostarda, e disserdes a esta amoreira: arranca-te e transplanta-te para o mar! ela vos obedecerá".

Logo depois desta elevada metafísica, passa Jesus ao plano de uma física tão corriqueira, como a dos trabalhos de agricultura e pecuária — que, à primeira vista, não atinamos com a afinidade entre esta e aquela.

Mas, no fim dessa estranha digressão de aparente heterogeneidade, volta o Mestre a ligar o fio da homogeneidade, concluindo: "Quando tiverdes feito tudo que vos foi mandado fazer, dizei:

somos servos inúteis; cumprimos a nossa obrigação; nenhuma recompensa merecemos por isto".

Esta conclusão final é a resposta ao pedido inicial dos discípulos: Senhor, aumenta-nos a fé!

Antes de tudo, que quer dizer fé?

Há quase 2000 anos que a cristandade identifica *fé* com *crença* — e esta identificação marcou o início de uma das maiores tragédias espirituais do cristianismo de todos os setores, sobretudo do protestantismo, que se baseia principalmente no princípio de "quem crer será salvo".

A nossa palavra "fé" vem do termo *fides*, radical de fidelidade. Fé é, pois, uma atitude de fidelidade, harmonia, sintonia. Quando o meu aparelho de rádio está sintonizado com a onda eletrônica emitida pela estação emissora, então o meu rádio apanha nitidamente a música irradiada pela emissora — meu rádio tem "fé", fidelidade, alta fidelidade, com a estação emissora. Mas quando o meu aparelho receptor não está afinado pela mesma freqüência vibratória da emissora, não apanha a música, porque não tem "fé", fidelidade, sintonia.

A "crença" nada tem de ver com a fé. A crença, substantivo derivado do verbo crer, é uma opinião vaga, incerta, indefinida; assim como quando alguém diz: creio que vai chover, creio que fulano morreu — mas nada disto é certo.

Por que é que a palavra exata "fé" foi substituída pelo vocábulo vago "crença"? Por que dizemos "eu creio", em vez de dizermos "eu tenho fé"?

Infelizmente, o substantivo latino *fides* não tem verbo, e como fé é derivado de *fides*, também em português, como na maior parte das línguas neolatinas, não existe verbo derivado da palavra fé. E temos de empregar um verbo de outro radical. Do latim *credere* fizemos *crer*, *crença*.

E com isto perdemos a verdadeira noção da palavra fé, no sentido de fidelidade.

Poderíamos inventar o verbo "fidelizar" para dizer "ter fé" — mas é um neologismo desconhecido.

O texto dos Evangelhos do primeiro século foi escrito em grego, e nesta língua *fides*, fé, é *pistis*, que tem o verbo *pisteuein*, ter fé, fidelizar. Mas a tradução latina, não encontrando verbo derivado de *fides*, viu-se obrigada a recorrer ao termo vago *credere*, que em português deu crer.

Os discípulos de Jesus pedem, pois, ao Mestre: "Aumenta a nossa fidelidade, a nossa sintonia, a nossa harmonia com o mundo espiritual; robustece a consonância entre a nossa consciência humana e a consciência divina". Os discípulos sentem que têm uma ligeira fidelidade com o mundo da realidade divina; mas sentem também a fraqueza e pequenez dessa sua fidelidade.

Então lhes respondeu o Mestre: "Se tiverdes fidelidade, genuína e autêntica, mesmo que seja inicialmente pequena como um grão de mostarda, porém genuína e autêntica, então tereis poder sobre todo o mundo material". O que é importante não é a *quantidade*, mas sim a *qualidade* da vossa fé. A onipotência do espírito tem poder sobre qualquer potência da matéria. O que é decisivo é a *intensidade qualitativa* da vossa fé, não a *extensão quantitativa*.

E para lhes mostrar em que consiste essa qualidade intensiva da fé, recorre o Mestre não a uma definição abstrata e teórica, mas a uma exemplificação concreta e prática. Faz ver que os atos desinteressados produzem o clima propício para uma atitude espiritual de fé ou fidelidade. Quem trabalha para ser recompensado age em nome do ego humano, sempre egoísta; mas quem trabalha sem nenhuma intenção, explícita ou implícita, de ser recompensado, esse crea um ambiente propício para a atitude da fé.

Os discípulos pediram ao Mestre: "Aumenta-nos a fé!". E o Mestre lhes fez ver que eles mesmos devem aumentar a sua fé por meio de atos desinteressados.

A fé é uma atitude espiritual do Eu, mas qualquer ato interesseiro do ego mercenário enfraquece o ambiente para o nascimento e crescimento da fé.

A frase final sobre "servos inúteis" é um golpe de misericórdia para o nosso inveterado egoísmo humano. Todo ego se sente "servo útil" e, de tão útil que se julga, quer ser sempre recompensado por seus atos. O ego nada faz de graça; a zona da graça é do Eu espiritual que, por isto mesmo, pode trabalhar de graça.

"Por Moisés foi dada a lei (ego), pelo Cristo veio a verdade, veio a graça (Eu)".

Todo ego mercenário é um ótimo discípulo de Moisés — e um péssimo discípulo do Cristo.

Quem vive no signo da graça age de graça — quem não vive no signo da graça, vive na desgraça.

Por isso, todo ego mercenário é um desgraçado.

O filósofo francês Bergson diz que todas as igrejas detestam o egoísmo terrestre, mas todas recomendam o egoísmo celeste. As teologias ensinam, geralmente, que o homem deve ser bom, altruísta, virtuoso, com o fim de merecer o céu — e não percebem que também isto é egoísmo, egoísmo póstumo, egoísmo sublimado.

O homem realmente liberto e totalmente realizado não espera recompensa alguma pelo fato de ser bom, nem antes nem depois da morte. O homem realmente bom é *incondicionalmente* bom. Não é bom para ser recompensado com algum céu objetivo, com um prêmio celeste. O homem incondicionalmente bom realiza o reino dos céus dentro de si subjetivamente, e esta auto-realização é que é o seu céu. Não espera nenhum céu externo, de fora, realiza o seu céu interno, de dentro.

Isto não é egoísmo, porque onde o ego foi totalmente superado não há mais egoísmo.

É o que o Mestre chama ser "servo inútil", sem crédito, sem direito a nenhuma recompensa objetiva.

Kant, na sua filosofia analítica, censura acremente Spinoza pelo fato de ter glorificado o homem incondicionalmente bom; mas o monista judeu de Amsterdam era mais crístico que o teísta cristão de Königsberg.

Toda esta parábola visa a mostrar que a verdadeira fé, ou fidelidade com o espírito de Deus, cresce na razão direta da libertação do homem de qualquer espírito mercenário.

Luz sob o velador — luz sobre o candelabro
(Mt 5, 11-16)

Missão dos discípulos. Bem-aventurados sois vós, quando 11
vos injuriarem e perseguirem e caluniosamente disserem de vós 12
todo o mal, por minha causa; alegrai-vos e exultai, porque grande
é a vossa recompensa nos céus. Pois do mesmo modo também
perseguiram aos profetas que antes de vós existiram.

Vós sois o sal da terra. Mas, se o sal se desvirtuar, com que 13
se lhe há de restituir a virtude? fica sem préstimo algum; é lançado
fora e pisado pela gente.

Vós sois a luz do mundo. Não pode permanecer oculta 14
uma cidade situada no monte. Nem se acende uma luz e se põe 15
debaixo do alqueire, mas, sim, sobre o candelabro para alumiar a 16
todos os que estão na casa. Assim brilhe diante dos homens a
vossa luz, para que vejam as vossas boas obras e glorifiquem a
vosso Pai celeste.

O Eu divino é uma luz coberta pelo invólucro opaco do ego humano

Repetidas vezes o Mestre compara o homem com a luz. Verdade é que, no *Gênesis*, Deus disse ao primeiro homem: "Lembra-te, homem, que és pó, e em pó te hás de tornar".

Por mais contraditórias que pareçam, à primeira vista, estas duas comparações da Sagrada Escritura — *pó* e *luz* — elas são perfeitamente compatíveis. No *Gênesis* Deus se refere ao ego do homem, que acabava de tornar-se pecável — mas, no Evangelho, Jesus se refere ao Eu do homem, que pode ultrapassar todas as misérias humanas e atingir a grandeza divina.

Falando da luz, diz o Mestre: "Eu sou a luz do mundo", e logo acrescenta: "Vós também sois a luz do mundo". Ele, o Cristo em Jesus, é a luz do mundo plenamente atualizada, realizada — ao passo que em nós essa mesma luz é ainda luz potencial, em diversos estágios de potencialidade, maior ou menor; uma luz *realizável*, mas não plenamente *realizada*.

Mas o que é essencial é a identidade da luz no Cristo e da luz em nós. Em cada homem, santo ou pecador, está a mesma luz que está no Cristo: é a luz *cósmica*, como está no original grego, *phôs tou kosmou*, a luz do cosmos.

Hermann Keyserling, quando na Índia, escreveu um paralelo genial sobre a pedagogia de certos livros devocionais cristãos, inclusive a *Imitação de Cristo*, e a *Bhagavad Gita*: certos livros devocionais tentam melhorar o homem, fazendo-lhe ver a sua miséria, dizendo que ele é um verme, uma peste, um nada — ao passo que outros convidam o homem a ser perfeito apelando para a sua grandeza latente, que pode vir a ser uma grandeza manifesta. O filósofo germânico frisa a superioridade da pedagogia da *Bhagavad Gita* sobre a de certos devocionários cristãos.

De fato, nenhum homem é estimulado para o bem pelo fato de se convencer da sua essencial maldade; mas se o homem sabe que no seu ser divino ele é *essencialmente* bom e belo como a luz, tem vontade de se tornar também *existencialmente* no seu ego humano o que já é no seu Eu divino. Mas se o homem se convence de que é essencialmente mau e feio como o pó, jamais se tornará existencialmente bom e belo como a luz.

A Sagrada Escritura, dizendo ao ego humano que ele é pó, não nega que no seu Eu divino é luz.

Ninguém se torna *existencialmente* o que não é *essencialmente*.

Quando o Mestre disse: "Vós sois a luz do mundo", deu a seus discípulos e a todos nós o mais poderoso incentivo para nos tornarmos realmente bons.

Quem não compreende essa linguagem dirá que dizer ao homem que ele é bom e belo como a luz é levá-lo à presunção e ao orgulho, como já me foi dito em uma aula sobre esse texto. Se esse paralelo com a luz se referisse ao ego do homem, poderia este argumento ter razão; mas nenhum homem é luz no seu ego humano; todo homem é luz no seu Eu divino.

Por isso disse muito bem o Mestre que a nossa luz ainda está debaixo do velador, envolta pela camada opaca do nosso ego; mas não identificou a nossa luz divina com esse invólucro humano.

Convidou-nos a tirar de cima da luz esse obstáculo grosseiro e colocá-la no alto do candelabro.

A luz sobre o candelabro é a mesma que a luz sob o velador; a identidade interna é perfeita. Diferentes são apenas as circunstâncias externas.

Em face disto, poderia alguém pensar que o invólucro opaco do velador seja o nosso corpo, e que, destruindo o corpo, a luz da alma brilharia em todo o seu fulgor no alto do candelabro.

Assim, de fato, pensou um jovem de 17 anos, cuja tragédia contei no meu livro *Luzes e Sombras da Alvorada*: suicidou-se para estar mais perto de Jesus.

Entretanto, não é nosso corpo esse obstáculo que não deixa a luz brilhar em todo o seu esplendor. O grande impedimento é a nossa mente, o nosso ego mental, que sempre de novo tenta identificar o Eu divino da alma com algum ego humano, corpo, intelecto, desejos.

O velador opaco é a nossa mente, que sempre mente — sagazmente.

Quando o homem consegue se conscientizar definitivamente de que "Eu e o Pai somos um, o Pai está em mim, e eu estou no Pai", e se ele vive de acordo com essa consciência — então tirou o velador opaco de cima da sua luz e colocou a luz da sua alma no candelabro da sua consciência espiritual.

E então a sua vivência ética está em harmonia com sua consciência mística.

O primeiro passo para essa gloriosa epopéia cósmica é o que hoje em dia chamamos *autoconhecimento*, que, cedo ou tarde, transbordará em *auto-realização*.

Na mensagem do Cristo, esse processo se chama o "primeiro mandamento" do amor a Deus, e o "segundo mandamento" do amor ao próximo. E o Mestre conclui que, nesses dois mandamentos, da mística divina e da ética humana, "estão toda a lei e os profetas", está toda a vida externa e interna do Homem Integral, do Homem Cósmico, do Homem Crístico.

Quem tira a sua luz de sob o invólucro opaco de sua ego-consciência e a põe no candelabro da sua Cristo-consciência realiza a razão de ser da sua existência terrestre.

Esse processo é chamado pelos Mestres espirituais "egocídio", a morte voluntária do ego ilusório e o nascimento do Eu verdadeiro.

O divino Mestre resume toda essa verdade nas seguintes palavras lapidares: "Conhecereis a verdade, e a verdade vos libertará".

E quando a luz de nosso Eu divino for colocada no alto do candelabro da nossa consciência espiritual, iluminará e beneficiará também os habitantes da casa do nosso ego humano; pois, embora o nosso ego humano seja inimigo do nosso Eu divino, contudo o nosso Eu divino é sempre o melhor amigo do nosso ego humano.

Realizar o Eu divino da nossa alma é o único modo real para fazer bem ao nosso ego humano — e também aos outros egos. Ser realmente bom é o único processo de fazer bem a nós mesmos e aos outros.

"A luz brilha nas trevas — mas as trevas não a prenderam."

Por isto conclui o Mestre: "Fazei brilhar a vossa luz perante os homens, para que vejam as vossas boas obras e glorifiquem a vosso Pai, que está nos céus".

Não manda ocultar a luz que irradia da nossa mística divina, mas sim espargi-la em derredor, em forma de ética humana, não para que os homens louvem a nós, mas glorifiquem a luz divina que tão magníficos raios difundiu.

O homem *profano* espera louvor para seus canais humanos.

O *místico* oculta na solidão a fonte divina que descobriu.

O homem *cósmico* canaliza as águas vivas da fonte divina, para que todos os que dela beberem glorifiquem jubilosamente a fonte.

A parábola da luz sob o velador e sobre o candelabro é a mais alta sabedoria do autoconhecimento e da auto-realização do homem.

A rede e seu conteúdo
(Mt 13, 47-52)

A rede. "O reino dos céus é ainda semelhante a uma rede de 47
pescar, que foi lançada ao mar e apanhou peixes de toda a 48
espécie. Quando cheia, os homens puxaram-na à praia e, sentando-
se, recolheram os bons em vasos e deitaram fora os maus. Assim 49
acontecerá também no fim do mundo: sairão os anjos e separarão 50
os maus do meio dos justos, lançando-os à fornalha do fogo; aí
haverá choro e ranger de dentes.
Compreendestes tudo isto?" 51
"Compreendemos" — responderam eles.
Disse-lhes Jesus: "Pelo que todo o mestre instruído na doutrina 52
do reino dos céus se parece com um pai de família que tira do seu
tesouro coisas novas e coisas velhas".

O destino final de cada homem é o resultado do seu livre-arbítrio

"O Reino dos Céus é semelhante a uma rede, que foi lançada ao mar e apanhou coisas de todo gênero. Quando cheia, os homens puxaram-na à praia e, sentando-se, recolheram as coisas mais belas em vasos e deitaram fora as feias. Assim acontecerá também na consumação dos tempos: sairão os mensageiros e separarão os maus do meio dos justos, lançando-os à fornalha de fogo; aí haverá choro e ranger de dentes."

O texto grego do primeiro século não fala em peixes, mas refere-se a "coisas belas" (*kalá*) e "coisas feias" (*saprá*); mas a Vulgata Latina diz "peixes" e os qualifica como "bons e maus".

À luz da sabedoria da parábola, haverá uma separação final entre os maus e os justos. É o que se depreende desta parábola, bem como daquela do joio no meio do trigo e de outros textos do Evangelho. Durante todo o período evolutivo aqui na Terra, e provavelmente alhures, há uma inextrincável promiscuidade entre bons e maus.

Mas, afinal de contas, quem é bom e quem é mau?

Se não houvesse uma diferença radical entre bons e maus, não poderia haver vida eterna para uns e morte eterna para outros, como o Evangelho afirma repetidas vezes.

Aqui na Terra, certos grupos espiritualistas declaram bons os que observam determinados cânones estabelecidos por esses grupos, e consideram maus os que não obedecem a essas regras. Esse critério, porém, é muito relativo e mutável, e não pode afetar o destino definitivo do ser humano.

Outros consideram bons os que fazem bem a seus semelhantes, e maus os outros. Nem este critério atinge o íntimo quê do ser humano. Podemos fazer bem aos outros sem sermos bons nós mesmos. Podemos até fazer bem por vaidade, ostentação, egoísmo e outros motivos alheios ao verdadeiro ser-bom.

Muitos são beneficentes, não pelos motivos negativos acima indicados, mas por motivos positivos; e identificam o fazer-bem com ser-bom.

Entretanto, por mais estranho que pareça, simples atos ou fatos externos não representam necessariamente valores internos; são coisas em si neutras; nenhum ato ou fato é intrinsecamente bom ou mau. O que lhes dá valor ou desvalor é uma atitude interna creada pelo livre-arbítrio do homem. É unicamente a realidade do Ser que determina o caráter do Agir. É esta atitude interna do Ser que pode ser boa ou má. O Agir é um transbordamento do Ser.

O Ser é do Eu central, o Agir é do ego periférico.

O Ser é a Essência ou Fonte, o Agir é Existência ou Canal.

Neste sentido dizia Jesus: "A árvore boa produz frutos bons, a árvore má produz frutos maus; é pelos frutos que se conhece a árvore".

Da interna atitude do ser-bom brotam os atos externos do fazer bem, atos que, neste caso, são *eticamente* bons, e não apenas *moralmente* louváveis. Embora a linguagem comum identifique a ética com a moral, em terminologia de precisão filosófica distinguimos esta daquela.

Atos são eticamente bons quando são o transbordamento espontâneo de uma atitude realmente boa — e essa atitude consiste numa harmonia da consciência individual com a Consciência Universal, que se pode chamar Deus ou Divindade. Por outro lado, mau é um ato que nasce de uma atitude má, isto é, da desarmonia da consciência individual com a Consciência Universal.

Atos externamente benéficos são compatíveis com uma atitude internamente má, ou então neutra. Esses atos benéficos não provam necessariamente o ser-bom do seu autor. Nem todos os atos externamente morais são internamente éticos. A atitude determina os atos — mas os atos não determinam a atitude.

Neste sentido diz Einstein: "Do mundo dos fatos não conduz nenhum caminho ao mundo dos valores, porque estes vêm de outra região".

Fato é ato, valor é atitude. Valor ou atitude é creação do livre-arbítrio. Onde não há livre-arbítrio não há valor nem atitude.

Atos externos, benéficos, sem atitude interna, boa, podem ser morais, mas não são éticos. A ética, como dissemos, é um transbordamento da mística, e a mística consiste numa harmonia da consciência humana com a consciência divina. Um homem internamente mau, desarmonizado com Deus, pode ser externamente beneficente, benfeitor da humanidade. Simples moralidade não prova a mística, mas toda mística se revela em ética. A moral é um arranjo artificial de ego para ego, mas a ética é um transbordamento natural e irresistível da mística, é o extravasamento espontâneo de uma plenitude interior, assim como o fruto é a manifestação da exuberante vitalidade da árvore. Uma laranja que não nasceu da laranjeira é uma laranja artificial, fictícia, uma pseudolaranja (moralidade); somente uma laranja nascida da laranjeira é uma laranja verdadeira (ética). Nenhum homem, com toda a sua ciência e técnica, pode fazer uma laranja verdadeira; só a laranjeira (mística) pode produzir de dentro de sua própria alma, da Vida, e a Vida é Deus.

A mística é o ser-bom.

A ética é o fazer-bem nascido do ser-bom.

* * *

Voltando ao nosso ponto de partida, o homem bom é aquele que tem experiência na Infinita Realidade, que vive e age em perfeita harmonia com essa consciência divina; o homem que age eticamente em conseqüência da sua experiência mística.

A parábola da rede e seu conteúdo afirma uma separação final e definitiva entre os bons e os maus, entre os que são internamente bons e agem externamente de acordo com sua consciência. O homem pode e deve tornar-se internamente bom; é esta a sua razão de ser aqui na Terra; e, como transbordamento desse seu ser-bom em Deus, deve fazer bem aos homens.

Ser-bom (mística) é fazer-bem (ética) — é esta a finalidade do homem aqui na Terra e alhures. Quem assim é e assim age entra na vida eterna — mas quem não é assim e não age assim sucumbe à morte eterna. A morte eterna é a extinção da sua individualidade, a sua desintegração por falta de integração, a sua desrealização por falta de realização.

O período para essa integração ou realização do homem não se restringe apenas aos poucos decênios da sua vida terrestre, mas é o ciclo total da sua existência, "nas muitas moradas em casa do Pai celeste", ciclo que pode abranger milhares e milhões de anos. Mas, segundo as imutáveis leis cósmicas, quem não se realiza se desrealiza, extingue-se.

O homem não é *imortal*, mas é *imortalizável*. Quem pode imortalizar-se deve imortalizar-se, e quem pode e deve e não faz, crea débito, e todo débito gera sofrimento.

Neste sentido diz o Mestre: "Eu vim para que os homens não pereçam, mas tenham a vida eterna... Quem tiver fidelidade a mim não morrerá, e ainda que tenha morrido (fisicamente) viverá para todo o sempre".

A parábola da rede proclama a possibilidade da vida eterna e a possibilidade da morte eterna. Compete ao livre-arbítrio do homem escolher entre essas duas alternativas: realização — ou desrealização.

* * *

A vida eterna não é uma *dissolução* do homem no Todo, como ensina a ala esquerda do budismo, mas é uma *integração* do indivíduo no Todo, como defende a ala direita do budismo, de acordo com o Evangelho do Cristo.

Quem se dissolve deixa de existir — quem se integra continua a existir.

A Vida Universal não "existe", ela "é". A vida individual continua a existir quando se integra no Todo, mas deixa de existir (embora continue a ser) quando não se integra, mas se dissolve no Todo. Aqui na Terra, é o homem a única creatura que pode continuar a existir individualmente no Todo Universal; as outras creaturas, quando morrem, deixam de existir individualmente, porque o eu "vivo individual" se dissolve na Vida Universal.

A parábola dramatizada do pão e do vinho
(Mt 26, 26-29; Mc 14, 22-25; Lc 22, 18-20)

Instituição da Eucaristia. Durante a ceia tomou Jesus o 26
pão, benzeu-o, partiu-o e deu-o a seus discípulos, dizendo: "Tomai
e comei; isto é o meu corpo".
Depois, tomou o cálice, deu graças e o apresentou aos 27
discípulos, dizendo: "Bebei dele todos; porque isto é o meu 28
sangue, do testamento, que é derramado por muitos, em remissão 29
dos pecados. Digo-vos, todavia, que a partir de hoje não mais
beberei deste fruto da videira, até ao dia em que convosco o
beber, novo, no reino de meu Pai".

Pela fé assimila a alma o Cristo divino

Na última ceia dramatizou Jesus a mais misteriosa de todas as suas parábolas.

Até hoje, quase 2000 anos depois, a cristandade não compreendeu devidamente a parábola do pão e do vinho.

Já na Sinagoga de Cafarnaun, como consta no capítulo 6 do Evangelho de João, havia o Mestre aludido a esse misterioso paralelo: a relação entre o alimento e a vida, por um lado — e, por outro, a pessoa física do Jesus humano e o espírito do Cristo divino.

Através de uma parábola esotérica faz Jesus ver que a essência vitalizante do espírito do Cristo só pode ser assimilada pela alma humana por meio da fé.

Que se entende por fé?

A palavra latina *fides* é o radical de fidelidade, alta fidelidade, harmonia, sintonia. Este substantivo latino não tem verbo; de maneira que a Vulgata Latina recorreu a um verbo de outro radical, *credere*, crer, em vez de "ter fé", e com isto começou a tragédia milenar da cristandade. Crer, no sentido usual, nada tem de ver com ter fé. O substantivo grego *pistis*, que figura no original do Evangelho do 1º século, tem o verbo *pisteuein*, que poderíamos traduzir por *fidelizar*.

Pisteuein, fidelizar, ter fé, quer dizer estabelecer perfeita fidelidade entre a alma humana e o espírito de Deus. O conhecido tópico "quem crer será salvo" é um absurdo; mas "quem tiver fé (fidelidade) será salvo" é perfeitamente lógico.

Quando o homem, no plano físico, vitaliza o seu corpo pelo alimento, não transfere ele para seu organismo a substância material que ingere, mas, pelo misterioso processo da digestão e assimilação, extrai da substância material da comida as "calorias", como a ciência chama essa alma imaterial da matéria. Caloria é a energia solar que pela fotossíntese foi armazenada na substância comestível, e que, pela digestão, é extraída do alimento e transferida para o organismo humano. Caloria, a energia do calor e da luz solar — que também poderíamos chamar *luceria* — é algo relacionado com a vida. Essa energia solar vitaliza o corpo e lhe dá força, beleza, alegria. Se o organismo não tivesse fidelidade vital (*fides*, fé) com a energia solar, não poderia assimilar essa vibração do Sol. Um corpo morto, embora exposto à energia solar, não a assimila; somente um corpo vivo é capaz de assimilar a energia solar; só ele tem *fides*, afinidade com o Sol; só um corpo vivo fideliza, é fiel à alma solar; só ele é vitalizado pelo calor e pela luz do Sol.

Segundo Einstein, luz é energia descondensada, e energia é matéria descongelada.

Vida é luz altamente potencializada, vida é luz vitalizada, e por esta razão não pode a vida assimilar a matéria grosseira como tal, mas somente a alma cósmica da matéria, que é luz, *luceria* ou caloria imaterial.

Homens altamente intuitivos sabiam, e sabem, por uma visão interna, o que outros procuram descobrir através de laboriosas análises intelectuais. Antecipam verdades que a ciência descobre séculos e milênios mais tarde. Cerca de 3500 anos antes de Einstein, escreveu Moisés que, no primeiro *yom*, creou Deus a luz, e que da luz vieram todas as outras coisas. Só no século 20 provou Einstein que a luz é a base dos 92 elementos da química e de todas as coisas.

* * *

A julgar pelos relatos do Evangelho, era Jesus de Nazaré o

homem mais intuitivo que a história conhece. Ele sabia, por uma visão interna, verdades que os cientistas descobrem (ou deixam de descobrir) milênios mais tarde.

Todo o paralelo entre o Jesus humano e o Cristo divino se baseia nessa intuição. Assim como a substância material de um alimento não pode ser assimilada pelo corpo humano se a sua parte material não for primeiro destruída pela trituração e digestão — assim o *espírito do Cristo* não pode ser assimilado pela alma na forma da *pessoa física do Jesus* humano. Ninguém pode assimilar o Jesus humano. Por isto, insiste ele em dizer: "As palavras que vos digo são *espírito*, são *vida* — a *carne* de nada vale". Por isto afirma ele a seus discípulos: "Convém a vós que eu me vá (seja destruído), porque, se não for, o espírito da Verdade não pode vir a vós".

Somente um Jesus cristificado é que pode servir de alimento vitalizante às almas humanas, como aconteceu na gloriosa manhã do Pentecostes, quando 120 pessoas, homens e mulheres, como refere mestre Lucas nos "Atos dos Apóstolos", foram vitalizados pelo espírito do Cristo cósmico, chamado Espírito Santo. Quando, após 9 dias de "oração permanente", essas 120 pessoas atingiram o máximo da sua sintonização crística, da sua *fides*, ou alta fidelidade, então assimilaram eles o espírito do Cristo. Durante os três anos precedentes, nenhum dos discípulos de Jesus assimilara o espírito do Cristo, porque eles só viam a pessoa humana de Jesus, do qual esperavam a proclamação da independência nacional de Israel. Somente após 9 dias de sintonização cósmica, no cenáculo de Jerusalém, crearam eles suficiente fidelidade ou sintonização para sentir a presença do Cristo espiritual; mesmo na ausência do Jesus material, sentiram e viveram a metafísica para além da física.

Essa manhã de domingo do ano 33, no décimo dia após a ascensão, marca o início do verdadeiro Cristianismo, o despertar do Cristo nas almas de seus discípulos.

Já um ano antes, como refere João no seu Evangelho, capítulo 6, na Sinagoga de Cafarnaun, retificara Jesus o equívoco dos ouvintes de que devessem comer a carne dele. A esse equívoco respondeu o Mestre: "As palavras que vos digo são espírito e vida, a carne de nada vale", por sinal que toda a referência à "carne" dele, como alimento, é uma alegoria simbólica. É pela fé no Cristo, espírito e vida, que o homem comunga o seu corpo e sangue, como revelou o grandioso acontecimento de Pentecostes, onde 120 pessoas, homens e mulheres, depois de 9 dias de meditação e silêncio, comungaram o Cristo carismático.

Em quase 2000 anos, as igrejas cristãs não foram capazes de vislumbrar esta grande verdade, ainda que cristãos individuais a tenham vivido em todos os séculos. As igrejas — quiçá por motivos humanos — se agarraram ao *símbolo material* do pão e do vinho, do corpo e do sangue do Jesus humano, e não compreenderam o *simbolizado espiritual* do Cristo divino. Os teólogos excogitaram o dogma da transubstanciação do pão e do vinho no corpo e sangue de Jesus — como se o corpo e o sangue do Jesus humano, fisicamente ingeridos pelo comungante, pudessem espiritualizar a alma. Para assimilar o espírito do Cristo não é necessária nenhuma ingestão física, mas sim a sintonização metafísica, a *fides*, ou alta fidelidade, entre a alma humana e o espírito do Cristo. Aliás, dos 120 cristificados presentes na manhã do primeiro Pentecostes, apenas 11 haviam ingerido o pão e o vinho na Santa Ceia; os outros 109 comungaram o Cristo espiritual na ausência do Jesus material ou seus símbolos. E todos esses 120 Cristo-comungantes foram as primícias do verdadeiro Cristianismo. Nenhum deles traiu o Mestre, nenhum deles o negou, nenhum deles fugiu covardemente; pelo contrário, diz o livro dos "Atos", quando foram flagelados em praça pública pelo fato de anunciarem o Cristo, retiraram-se exultando de júbilo por terem sido achados dignos de sofrerem por amor ao Cristo.

Haviam comungado o Cristo Carismático, em espírito e verdade.

* * *

Vai nesta parábola, embora veladamente, outro aspecto: não pode o nosso ego humano conscientizar o Eu divino se aquele não for devidamente desintegrado, assim como o alimento só se integra na vida do corpo depois de ser desintegrado.

"Se o grão de trigo não morrer ficará estéril, mas se morrer produzirá muito fruto."

"Eu morro todos os dias, e é por isto que eu vivo, mas já não sou eu que vivo, o Cristo é que vive em mim."

A rainha das parábolas de Jesus é, sem dúvida, esta, embora o grosso da cristandade não esteja ainda em condições de compreendê-la.

Possivelmente, daqui a mais 20 séculos, lá pelo ano 4000, a cristandade compreenderá a mística desta parábola do pão e do vinho.

Por ora, a cristandade terá de contentar-se com o corpo do símbolo material, sem compreender a alma do simbolizado espiritual.

Por ora, o corpo *exotérico* da Santa Ceia eclipsa a alma *esotérica* do Pentecostes.

Por ora, teremos de repetir isto "em memória de Jesus", "até que o Cristo venha", como Paulo de Tarso escreve aos cristãos do primeiro século.

Mas após a vinda do Cristo divino, pela *comunhão carismática*, cessará o símbolo da *comunhão eucarística* do Jesus humano.

E então compreenderemos o que o Mestre quis dizer com as palavras finais da Santa Ceia: "Não mais beberei deste fruto da videira até o dia em que convosco o beber, novo, no Reino de meu Pai".

Maran-atha!

Vem, Senhor!

* * *

Em síntese elucidativa:

Após a suposta primeira missa, ordenação sacerdotal e primeira comunhão, os doze apóstolos de Jesus cometeram os atos mais vergonhosos e anticrísticos da sua vida: um deles consumou a planejada traição, o diabo entrou nele e ele se suicidou; outro neo-sacerdote e neocomungante, que parecia o chefe da turma, negou descaradamente o Mestre, jurou que não era discípulo dele e rogou pragas sobre si; e todos esses supostos neo-sacerdotes e neocomungantes fugiram covardemente, com medo do sofrimento, à exceção de um só.

E, o que é totalmente incompreensível, Jesus, depois da ressurreição, não estranhou esse vergonhoso procedimento dos seus discípulos, nem os repreendeu por isto — por sinal que nenhum efeito espiritual esperava dessa suposta primeira missa, ordenação sacerdotal e primeira comunhão.

A mais comezinha lógica nos obriga a não aceitar o que uma teologia quase bimilenar impingiu à cristandade como sendo a verdade do Evangelho.

Não houve, no cenáculo da quinta-feira santa, nenhuma primeira missa de Jesus, não houve ordenação sacerdotal, não houve transubstanciação do pão e do vinho, não houve primeira comunhão dos apóstolos.

O que ocorreu foi uma parábola dramatizada, cujo simbolizado espiritual se cumpriu na gloriosa manhã do Pentecostes, quando 120 pessoas, homens e mulheres, como refere Lucas nos "Atos dos Apóstolos", comungaram realmente o Cristo Carismático, em espírito e verdade.

* * *

A explicação que acabamos de dar dos eventos da Santa Ceia em forma de parábola é indubitavelmente exata. Se assim não fosse, se os 12 discípulos de Jesus tivessem sido ordenados sacerdotes e comungado realmente a carne e o sangue de Jesus, seria absolutamente incompreensível, repetimos, o que aconteceu logo depois dessa suposta ordenação sacerdotal e primeira comunhão: traição, suicídio, negação, juramento falso, blasfêmia, fuga covarde dos apóstolos — um caos de paradoxos, um inferno de pecados...

E tudo isto sem que Jesus estranhasse com uma só palavra esse efeito flagrantemente negativo e contraproducente em seus discípulos...

É, pois, fora de qualquer dúvida, que não houve nehuma primeira missa, ordenação sacerdotal e primeira comunhão no cenáculo da quinta-feira santa.

Mas como então justificar a interpretação tradicional de certa teologia?

Essa teologia tradicional é mais ou menos compreensível em face de uma humanidade incapaz de compreender o simbolizado espiritual de uma parábola profundamente metafísica e mística. A cristandade dos primeiros séculos era quase totalmente composta de escravos do Império Romano e povos bárbaros — godos, vândalos, hunos etc. — que invadiram o decadente Império dos Césares, povos mental e espiritualmente analfabetos, dos quais não se podia esperar *compreensão*, mas de que se devia exigir *obediência* a seus chefes espirituais. Uma ingênua *pedagogia* infantil era para esses neófitos mil vezes mais importante do que a grandiosa *metafísica* da verdade do Evangelho.

Se a mensagem de Jesus tivesse sido difundida, de início, pelos países do Oriente — Índia, China, Japão etc. — de avançada cultura metafísica e espiritual, completamente diferente teria sido o destino histórico e teológico do nosso cristianismo. Em nenhum dos países orientais existe, até hoje, segundo estatística oficial, 1% de cristãos, a despeito de séculos de trabalhos missionários. Fala por todo o Oriente Mahatma Gandhi, que dizia aos missionários cristãos que tentavam convertê-lo ao nosso cristianismo: "Aceito o Cristo e seu Evangelho — não aceito o vosso cristianismo".

Fala ainda, em nome do Ocidente cristão, Albert Schweitzer, quando escreve: "Nós injetamos nos homens o soro da nossa teologia, e quem é vacinado com o soro da teologia cristã está imunizado contra o espírito do Cristo".

É que o nosso cristianismo teológico foi, desde o princípio, padronizado para uma humanidade espiritualmente infantil — e, estranhamente, até hoje não ultrapassou ainda esse padrão primitivo. Para certa igreja cristã, o maior teólogo é Tomás de Aquino, que codificou quase toda a teologia tradicional do Ocidente; mas esse mesmo teólogo, depois de escrever a *Summa Theologiae* e a *Summa Contra Gentiles*, teve uma visão ou revelação, depois da qual nunca mais escreveu uma palavra, e, interrogado pelo motivo desse silêncio, respondeu: "Tudo o que escrevi é palha".[1]

Entretanto, essa "palha" continua a ser o alimento de centenas de milhões de cristãos como sendo verdade divinamente revelada. Possivelmente, o "príncipe da teologia medieval", se reaparecesse, aplaudiria a explicação que estamos dando dos eventos da Santa Ceia.

A comunhão do Cristo Carismático, ocorrida na gloriosa manhã do primeiro Pentecostes, em Jerusalém, é perfeitamente aceitável para qualquer homem, ao passo que a suposta comunhão eucarística do corpo e sangue de Jesus na Santa Ceia não será jamais aceita por nenhum homem sinceramente espiritual.

Não afirmamos que os nossos teólogos tenham agido de má-fé. A cristandade dos primeiros séculos, depois de sair das catacumbas, necessitava, repetimos, mais de uma *pedagogia teológica* do que de uma *metafísica crística* — mas não se compreende por que essa pedagogia primitiva seja mantida em plena adultez da cristandade do século 20. Por que não dizer à cristandade do nosso século o que o principal codificador dessa pedagogia teológica confessou explicitamente que tudo o que escreveu é palha?

Não disse o Mestre: "Conhecereis a verdade, e a verdade vos libertará"?

---

[1] Em face da gravidade do assunto, consultei diversos sacerdotes, inclusive um erudito jesuíta e um escritor dominicano, sobre a autenticidade desta confissão do grande teólogo, e todos afirmaram que essas palavras de Tomás de Aquino são perfeitamente autênticas.

Hoje, no ocaso do Segundo Milênio da Era Cristã, e quase na alvorada do Terceiro Milênio, a elite espiritual da humanidade espera que lhe seja proclamada a verdade libertadora da mensagem do Cristo. Se, segundo as palavras de Paulo de Tarso, é necessário dar leite aos infantes em Cristo, por que não dar aos adultos em Cristo comida sólida?

O simbolizado espiritual da parábola do pão e do vinho eclodiu na gloriosa manhã do primeiro Pentecostes, quando 120 heróis e heroínas comungaram o espírito do Cristo Carismático e iniciaram a epopéia do verdadeiro cristianismo.

Essa iniciação crística se deu no ano 33, após 9 dias de silêncio e interiorização espiritual, no cenáculo de Jerusalém, que pode ser considerado como o primeiro *ashram* ou Santuário de Iniciação da Cristandade.

Se a humanidade do Terceiro Milênio quiser realizar a mensagem do Cristo, terá de encontrar o seu Cristo interno em profunda meditação e comungar o Cristo Carismático em espírito e em verdade — e então será proclamado o Reino de Deus sobre a face da Terra e haverá um novo céu e uma nova terra.

....

Ainda uma pergunta final, para um sincero exame de consciência: teriam os nossos teólogos sustentado, através de séculos, o dogma da transubstanciação eucarística, se esse suposto milagre não fosse monopólio exclusivo deles e a base de todo o seu poder e prestígio? Não teriam eles concordado com Tomás de Aquino, o maior defensor da transubstanciação, confessando: "Tudo o que escrevemos é palha"?

Segunda parte

Mística das beatitudes

Auto-retrato da alma de Jesus

Tomando perspectiva

Se o Evangelho é a alma da Bíblia, então as Beatitudes são o coração do Evangelho.

As oito Beatitudes, ou Bem-aventuranças, que formam o início do Sermão da Montanha, são jubilosas exclamações que romperam da transbordante plenitude do espírito do Cristo, após uma noite inteira de comunhão com Deus, como diz o evangelista.

Quase no início da sua vida pública, passou Jesus uma noite toda "em oração com Deus", em êxtase, em samadhi. *A alma do Nazareno estava mergulhada no oceano imenso da Divindade. E quando, de madrugada, emergiu desse banho de luz e força, de amor e felicidade, foi tão irresistível o entusiasmo de que estava repleto que não pôde conter em si a divina plenitude e, como um sol nascente, irradiou os seus fulgores sobre os discípulos e o povo, que lhe correram ao encontro, sentindo ou adivinhando algo de extraordinário.*

Desceu do monte, em cujo cimo havia passado a noite em mergulho místico e, chegando a uma esplanada e vendo a fome e a sede do povo, sentou-se numa colina, e exclamou oito vezes: "Bem-aventurados!... Bem-aventurados!..."

As Beatitudes não são ensinamentos, a bem dizer; são experiências pessoais da vida íntima de Jesus que romperam as válvulas de retenção da sua alma e se espraiaram, irresistivelmente, sobre a humanidade de todos os tempos e países. Toda plenitude, quando atinge o clímax da sua abundância, tende a difundir-se em derredor. Toda explosão supõe uma implosão, e a implosão mística de Jesus havia atingido o seu máximo nessa noite, nas colinas de Kurun Hattin, ao sudoeste do lago da Galiléia.

As Beatitudes são o auto-retrato de Jesus.

Por isto as Bem-aventuranças não devem ser lidas ou ouvidas senão numa atitude de intensa espiritualidade. Quem lê ou ouve estas exclamações de entusiasmo místico num estado de profanidade, ou mesmo de mera intelectualidade, nada sentirá da sua sacralidade; possivelmente as achará absurdas e revoltantes. Imagine-se: chamar felizes os pobres, os sofredores, os injustiçados, os famintos e sedentos, os que sofrem perseguição e difamação! Onde se ouviu maior paradoxo, mais revoltante sadismo, mais acerba ironia! Realmente, do plano horizontal do homem-ego, ninguém pode nem deve ler estas palavras, que brotaram das luminosas profundezas do homem-Eu, do homem-crístico, e só podem ser compreendidas e saboreadas dessa perspectiva de experiência mística da qual brotaram.

Não são palavras ego-pensadas, são experiências Cristo-vividas. Só quem pode dizer com Paulo de Tarso "já não sou eu que vivo — o Cristo é que vive em mim", só esse pode saborear devidamente as Beatitudes. O homem ego-vivente ficará apático, ou até revoltado, em face de tamanha sublimidade.

Quanto menos o leitor for ego-agente e quanto mais for Cristo-agido, tanto melhor compreenderá a sapiência dessa divina loucura.

É, pois, necessário que o leitor, antes de ler as Beatitudes, ponha-se no mesmo ambiente interior em que elas foram vividas naquela bendita madrugada. Enquanto o homem não estiver devidamente sintonizado com a alma divina do Universo, com o Cristo-cósmico, não estará em condições de assimilar as lucerias e calorias das Bem-aventuranças do Cristo.

Aliás, esta sintonização Cristo-cósmica é o requisito para a compreensão de toda e qualquer palavra de Jesus que os Evangelhos conservaram. O que o grosso da humanidade entende por "meditação" pouco ou nada tem de ver com essa sintonização crística. Quem pensa e analisa não entrou na verdadeira meditação, durante a qual o homem se deve calar, para que Deus lhe possa falar.

Quando o homem fala — Deus se cala.

Quando o homem pensa — Deus se dispensa.

Quando o homem deseja algo — Deus se eclipsa.

A verdadeira meditação é simplesmente um total esvaziamento de todo e qualquer conteúdo do ego-humano, para que a plenitude divina possa fluir para dentro dessa vacuidade humana. A fonte da plenitude plenifica somente a vacuidade. O homem ego-pleno não pode ser teo-plenificado, ou, em linguagem bíblica: "Deus resiste aos soberbos (ego-plenos) e dá sua graça aos humildes (ego-vácuos)".

Neste mesmo sentido disse o Mestre:

"Eu te agradeço, meu Pai, que revelaste estas coisas aos simples e pequeninos e as ocultaste aos eruditos... Quem não receber o Reino de Deus como uma criança não entrará nele".

Muitos não conseguem reduzir-se a uma atitude de não pensar nada, e ficar ao mesmo tempo plenamente conscientes; quando não pensam, estão em perigo de cair em transe, na auto-hipnose, sono, e nada resolvem. Mas quando o homem desce ao nadir do pensamento e sobe ao zênite da consciência, então está em verdadeira meditação, contemplação, e só então pode compreender espiritualmente e saborear deliciosamente o verdadeiro sentido das Beatitudes do Cristo.

* * *

Nas seguintes páginas, ao que parece, teremos de contradizer tudo o que acabamos de dizer: temos de falar, pensar, analisar as palavras de Jesus — que só deviam ser vividas e saboreadas em silêncio.

Por isto prevenimos o leitor de que aquilo que vamos dizer não é a alma, mas apenas o corpo das Bem-aventuranças. Poremos apenas umas setas à beira da estrada; mas estas setas devem ser contempladas e depois abandonadas. Se o viandante se agarrar a um desses marcos à beira do caminho, ou até o arrancar e levar consigo, não cumpre a mensagem secreta do marco, que é transcendente, e não imanente. A mensagem da seta não é o aqui, mas o além. O viandante deve saber que a seta quer dizer "aqui é a cidade X" que ele demanda, mas ela é além, digamos daqui a 10 ou 100 km; o que a seta lhe diz é apenas: esta é a direção certa rumo ao termo que demandas; contempla-me, pois, e ulltrapassa-me — e então terás cumprido o sentido da minha mensagem.

De modo análogo, deve o viandante, o leitor, contemplar devidamente, compreender previamente, a direção certa indicada pelas palavras — e depois ultrapassar todas elas e viver intimamente aquilo que leu e compreendeu.

Tudo o que está neste livro é, pois, algo preliminar; nada é definitivo. O definitivo vem do leitor, e não do autor. O leitor é que, depois de tomar a direção certa, deve realizar o conteúdo da mensagem, dia a dia, ano por ano, a vida inteira.

Depois de todos os ruídos, depois de ler, de ouvir, de pensar — é que vem o grande silêncio dinâmico da realização, a vivência da realidade.

"Quem ouve estas minhas palavras — assim encerra Jesus o Sermão da Montanha — e as realiza, se parece com um homem sensato que construiu sua casa sobre rocha; desabaram aguaceiros, transbordaram os rios, sopraram os vendavais e deram de rijo contra essa casa, mas ela não caiu, porque estava construída sobre rocha. Aquele, porém, que ouve estas minhas palavras e não as realiza, se parece com um homem insensato que construiu sua casa sobre areia; desabaram aguaceiros, transbordaram os rios, sopraram os vendavais e deram de rijo contra essa casa e ela caiu — e foi grande a sua queda."

A diferença entre o homem sensato e o insensato não está, pois, em terem ouvido ou não as palavras da verdade, mas está no fato de ambos terem ouvido e um só ter realizado a verdade das palavras em sua própria vida.

Amigo leitor: lê, ouve — e realiza a verdade das Beatitudes, e serás feliz, aqui e por toda parte.

1. Bem-aventurados os pobres pelo espírito, porque deles é o Reino dos Céus (Mt 5, 3-10)

Bem-aventuranças. Bem-aventurados os pobres pelo espíri- 3
to, porque deles é o reino dos céus.
Bem-aventurados os tristes, porque serão consolados. 4
Bem-aventurados os mansos, porque possuirão a terra. 5
Bem-aventurados os que têm fome e sede da justiça, porque 6
serão saciados.
Bem-aventurados os misericordiosos, porque alcançarão mise- 7
ricórdia.
Bem-aventurados os puros de coração, porque verão a Deus. 8
Bem-aventurados os pacificadores, porque serão chamados 9
filhos de Deus.
Bem-aventurados os que sofrem perseguição por causa da 10
justiça, porque deles é o reino dos céus.

Quem é pobre pelo espírito?
Quem é bem-aventurado, feliz?
Que é o Reino dos Céus?

Durante quase 20 séculos têm-se discutido as palavras *ptóchoi tô pnéumati*, como está no original grego do primeiro século, ou *pauperes spiritu*, como lemos na tradução latina. E as interpretações dessas palavras têm sido as mais diversas. Alguns chegaram ao absurdo de traduzir "pobres de espírito", proclamando felizes os que têm pouco espírito, os que são pobres, deficientes de espírito, os imbecis e idiotas. Neste caso, o próprio Jesus não faria parte dos bem-aventurados, e dele não seria o Reino dos Céus, porque não era pobre de espírito nesse sentido, mas sim rico e riquíssimo, quer se entenda por espírito a faculdade espiritual, quer a faculdade intelectual.

Mas os que o Mestre chamou felizes são os que são pobres pela livre escolha do seu próprio espírito, do seu livre-arbítrio; não os que são compulsoriamente pobres, que são milhões, e talvez infelizes, mas os que, podendo possuir todas as riquezas da Terra, sentem-se tão ricos dos bens espirituais que voluntariamente se desapegaram dos bens materiais, usando apenas o necessário para sua manutenção física.

Também, que ia fazer um milionário espiritual com essas pobres riquezas materiais? Como ia um homem espiritualmente adulto ocupar-se com as bonecas de celulóide ou outra matéria com que se divertem as crianças num jardim de infância? O rico de espírito não sabe como brincar com essas bonecas dos ricos da matéria; a sua mentalidade espiritualmente adulta não acha suficiente ponto de contacto com esses brinquedos que encantam os espiritualmente infantes.

Disse alguém: "É tão difícil para um sábio adquirir riquezas como é difícil para um rico adquirir sabedoria".

Muitos pensam que, para não dar importância aos bens materiais, deva o homem ser muito virtuoso. Não é bem exato. Pode o homem virtuoso renunciar aos bens materiais e não ser sábio nem feliz. A verdadeira renúncia não vem da virtude, mas sim da sabedoria, da compreensão da verdade. Pode a virtude, em certos casos, ser um preliminar para a sabedoria, mas não é a própria sabedoria. *Saber* quer dizer *saborear*, tomar o sabor de um alimento e senti-lo como saboroso. Mas para o homem meramente virtuoso pode a renúncia ter sabor amargo, pode ser "caminho estreito e porta apertada"; somente para o sábio, o sapiente, é a renúncia "jugo suave e peso leve".

Pode alguém renunciar por *dever*, e até por *querer* — e é um homem virtuoso.

Mas o verdadeiro sábio renuncia por *compreender*, por saber — e saboreia a verdadeira felicidade.

O dever e o querer do virtuoso são atos de boa vontade do homem-ego — mas o compreender do sábio é uma atitude da razão espiritual, do Eu divino no homem.

Virtude vem de *virtus*, que em latim quer dizer força; o virtuoso age em virtude de uma obrigação, de compulsão moral; ele se sente como um escravo, como um bom escravo — "eu devo renunciar". Ele renuncia sob a pressão de um doloroso e maldito *tu deves*. Age como um bom escravo — não age como um homem livre, porque não compreende a verdade, a verdade sobre si mesmo; identifica-se ainda com o seu ego, com o seu ego virtuoso, de boa vontade. A verdade é o único poder libertador: "Conhecereis a verdade e a verdade vos libertará". A compreensão da verdade é a única força que realmente liberta o homem. Quem age sem compreender pode agir virtuosamente, mas não age sabiamente.

Sabedoria, ou sapiência, não é outra coisa senão a compreensão da verdade libertadora.

Quem se identifica ainda com o seu ego, mesmo com um ego virtuoso, age virtuosamente, mas não age livremente.

Somente quem, pelo autoconhecimento da mística, identifica-se com o seu Eu divino, esse compreende a verdade sobre si mesmo, esse age com sabedoria, age livremente — e este é realmente feliz. O sábio saboreia a deliciosa verdade sobre si mesmo, saboreia que "eu e o Pai somos um", que "eu sou a luz do mundo", que "o Reino de Deus está dentro de mim", e age livre e deliciosamente à luz desta compreensão da verdade que o libertou, inclusive da virtude.

"Por Moisés foi dada a lei — pelo Cristo veio a verdade e veio a graça."

O homem virtuoso é um bom discípulo de Moisés, porque age sob o signo do *dever* – tu deves fazer isto, tu não deves fazer aquilo. Ele age como escravo do dever.

O homem sábio é discípulo do Cristo, age em nome da verdade e da graça, age à luz do *compreender*.

A lei escraviza.

A verdade e a graça libertam.

Feliz, realmente bem-aventurado, é somente aquele que renunciou aos bens materiais por sapiência, pelo saboreamento da verdade sobre si mesmo, e esta renúncia por compreensão nunca é dolorosa, mas indizivelmente deliciosa.

O homem virtuoso sofre a sua renúncia — o homem sábio saboreia a sua renúncia.

Renunciar é, para o sábio, para o compreendedor da verdade, para o autoconhecedor, uma afirmação de força e poder, de entusiasmo e plenitude, da "gloriosa liberdade dos filhos de Deus".

Por isto, o homem que renunciou por sabedoria e compreensão nunca se sente como se fosse um herói, algum super-homem, alguma exceção da regra; sente a sua renúncia como algo natural e evidente. O apego aos bens materiais seria para ele artificial. A Natureza toda age com leveza e facilidade; segue sempre o caminho de menor esforço, como diz Einstein. A Natureza não conhece virtude, compulsão — ela age sempre com silêncio e naturalidade, porque é inconscientemente sábia, regida pela suprema sabedoria cósmica, que nada sabe de esforço, de dificuldade ou sacrifício.

Enquanto o homem se acha na escola primária da lei, soletrando o *abc* do *dever*, pode ele ser vicioso ou virtuoso, não fazer ou fazer dificilmente o que deve; mas quando ingressa na universidade da verdade e da graça, entra ele na zona do *compreender*, da sapiência e do saboreamento da verdade.

Para os principiantes é necessário o "caminho estreito e a porta apertada" da virtude do dever.

Os finalizantes, porém, só conhecem "o jugo suave e peso leve" da sabedoria e compreensão.

Aqueles andam ainda "aflitos e sobrecarregados", com sua virtude — mas estes acharam "descanso para sua alma" na sabedoria da compreensão.

Os pobres pelo espírito são os que se desapegaram interiormente e, quanto possível, também exteriormente, dos bens materiais, mentais e emocionais, de toda a bagagem do velho ego, não em virtude de um *maldito dever*, mas à luz de um *bendito compreender*. Estes são os felizardos, os realmente felizes — porque deles é o Reino dos Céus.

"É" e não apenas "será". Esses saboreiam, aqui e agora, o Reino dos Céus que está conscientemente dentro deles. Não esperam um céu só depois da morte, mas vivem agora mesmo, aqui e agora, no céu da verdade, da liberdade e da felicidade. Superaram o *inferno* do ego vicioso, de má-vontade, e também o *purgatório* do ego virtuoso de boa vontade, e ingressaram no *céu* do Eu da sabedoria.

O jovem rico do Evangelho era um homem virtuoso, que havia cumprido todos os mandamentos, tudo que *devia* fazer — mas não era um homem sábio; era um perfeito discípulo de Moisés, pelo cumprimento da lei — mas não chegou a ser um discípulo do Cristo, pela verdade e pela graça. Formado na escola primária do *dever*, não ingressou na universidade do *compreender*.

Que me falta ainda? pergunta ele a Jesus, depois de ter feito tudo o que devia fazer. E o Mestre lhe responde: "Uma coisa te falta ainda". Nada lhe faltava naquilo que ele devia *fazer* — tudo lhe faltava no que devia *ser*. À pergunta "o que devo fazer" o Mestre responde "se queres ser". Não se trata mais de *fazer algo*, trata-se de *ser alguém*. Só é alguém quem está na verdade do *ser*, para além de todas as pseudoverdades do *fazer*. *O fazer algo* é necessário, mas somente o *ser alguém* é suficiente. Aquilo é dos virtuosos — isto é dos sábios.

A suprema sabedoria e felicidade consiste em ser alguém pela compreensão da verdade libertadora.

A auto-realização do reto-agir da ética supõe o autoconhecimento do reto-ser da mística.

2. Bem-aventurados os tristes, porque eles serão consolados

Quem são estes tristes?

O grego diz *penthountes* que o latim traduziu por *qui lugent*, os que estão de luto.

Evidentemente, essa tristeza, esse luto se referem ao ego humano; só ele pode estar triste ou de luto. É experiência geral que, no princípio, o nosso ego fica triste, chora e se veste de luto, quando o Eu divino em nós nasce, porque este não pode nascer sem que aquele morra de algum modo. É linguagem geral de todos os Mestres espirituais que algo no homem deve *morrer* para que algo possa *nascer*. Não há nascimento sem morte. Paulo de Tarso afirma que ele (seu ego) morre todos os dias, para que seu Eu, o seu Cristo interno, possa nascer e viver.

E o próprio Cristo diz: "Se o grão de trigo não morrer ficará estéril, mas, se morrer, produzirá muito fruto".

Morte e vida são os dois pólos sobre os quais gira toda a existência humana.

Se o ego, convidado a morrer, soubesse que ele não vai morrer realmente, mas mudar de vida e de vivência, não se entristeceria com essa quase-morte. Mas o ego não sabe, por ora, dessa outra espécie de vivência em que vai entrar, e por isto fica triste, chora e se veste de luto. O que o ego tem de mais caro e querido é a sua idolatrada egoidade, tão antiga como a própria humanidade, milhões de anos. E essa egoidade multimilenar na raça humana tem também alguns decênios na pessoa individual de cada homem. E agora, um Mestre carinhosamente cruel convida esse idolatrado ego a morrer...

É perfeitamente natural que o ego, se aceitar o convite mortífero, revista-se de luto e tristeza. Segue atrás do negro ataúde do seu ego morto, baixa o ego-cadáver ao túmulo, deita umas pás de terra fria sobre o esquife; derrama amargas lágrimas sobre os restos mortais do seu ídolo morto e sente-se todo em chaga viva.

Que coisa sobrou ao homem-ego depois que sepultou o seu único ídolo sobre a face da Terra?

Por algum tempo, talvez por anos a fio, a vida desse homem não tem mais encantos... Em vão desabrocham flores à beira do caminho... Em vão brilham as estrelas no firmamento noturno da sua vida... A treva é espessa, e as estrelas são longínquas... Em vão procuram os amigos consolar esse morto-vivo... Ele perdeu tudo — e ainda não encontrou nada... A alvorada de uma vida nova não amanheceu ainda para além do ocaso da vida velha que se foi... O crepe escuro do negro ataúde não permite ainda vislumbrar a gaze branca de um berço novo...

E o Mestre tem a coragem de dizer que é feliz o homem que chora sobre o túmulo do seu ego morto... Pode não ser feliz *por causa* desse luto — mas pode ser feliz a *despeito* dele. Pode ser feliz por causa de algo que vem depois dessa morte e desse luto — se é que esse homem suspeita ou adivinha esse algo que vem depois.

Aos poucos percebe esse enlutado que as suas alegrias antigas eram algo profano e triste, e que sua tristeza de agora tem um discreto sabor de alegria, não dessa alegria ruidosa que os profanos chamam alegria, mas de algo que tem sabor de uma tristeza superficial e de uma alegria profunda.

Mas essa alegria do enlutado está numa outra dimensão, está no misterioso anonimato da felicidade. Essa felicidade anônima é tão sagrada que nada tem de ver com as chamadas alegrias dos profanos. É como o misterioso cintilar das estrelas da meia-noite, mais adivinhadas do que conhecidas.

A alegria que o ego enlutado sente é tão sagrada que o homem não ousa falar dela aos seus antigos companheiros ainda não mortos, com medo de uma possível profanação ou decepção.

Por isso, esse ego enlutado prefere viver a sós, na sua doce amargura, na sua amarga doçura. Se tiver a sorte de encontrar um sócio de luto, fala com ele à meia-voz sobre sua sagrada tristeza, medindo as palavras cautelosamente.

Verifica aos poucos que, por nada deste mundo, trocaria sua

tristeza por nenhuma das chamadas alegrias dos profanos. Tem pena dos alegres por não gozarem a querida tristeza de que ele goza.

Um belo dia — ou numa noite feliz — descobre ele que a sua tristeza é apenas a sombra projetada por uma luz misteriosa que nele está e cuja presença ele ignorava. Por amor a essa luz ama também as suas sombras e verifica que é uma sombra luminosa, espécie de sol da meia-noite que ilumina as regiões nórdicas do globo terrestre.

E quando um antigo companheiro de profanidade o convida para aquelas outras "alegrias" repletas de ruídos, esse homem prefere a sua doce amargura a todas as doces doçuras dos inexperientes desse novo mundo que nele despontou.

Uma gotinha dessa felicidade anônima lhe vale mais que toneladas daquele bagaço profano que outrora ele chamava de gozo e prazer.

Esse felizardo enlutado compreende que a "consolação" de que o Nazareno fala não é algo que venha depois da tristeza, mas que é a quintessência dessa mesma tristeza, a alma daquilo que aos inexperientes parece ser tristeza.

Verifica que o Reino dos Céus dessa consolação não é algo como recompensa por essa tristeza, mas é esta própria tristeza vista através de outro prisma, contemplada de uma outra perspectiva e dimensão.

Esse homem não espera trocar a sua tristeza por alguma consolação, espera apenas conservar para sempre a sua clarividência e contemplar para sempre a Realidade do Seu Eu verdadeiro para além de todas as facticidades do seu ego ilusório.

Compreendeu, finalmente, que a felicidade não é algo que o homem receba de fora, mas que é ele mesmo essa felicidade, quando conscientiza a sua realidade divina de dentro.

O milionário da felicidade interior não necessita correr freneticamente no encalço das pequenas moedas dos gozos externos, que os profanos chamam felicidade. Pode abrir mão desses pobres prazeres — e assim ser considerado como triste aos olhos dos sonhadores de sonhos e caçadores de sombras. Quem goza de uma felicidade profunda pode prescindir de gozos superficiais.

A verdadeira felicidade está numa outra dimensão, ignorada dos pobres gozadores. E quando alguém goza de uma profunda felicidade vinda de dentro da alma, pode até encontrar gozo nas pequeninas coisas de fora, não necessita de estímulos violentos para gozar; uma modesta florzinha à beira da estrada, o sorriso de uma criança, o gorjeio de um passarinho, o murmúrio de uma fonte, a fosforescência de um vaga-lume, um nascer ou pôr-do-sol, o silêncio da floresta ou o ribombar do trovão — tudo dá gozo e prazer a quem encontrou dentro de si a fonte de uma felicidade perene. Os gozos dos profanos, sem base na felicidade interior, sofrem de um mal intrínseco: necessitam de estímulos cada vez mais violentos para serem ainda sentidos e gozados. E, por fim, a possibilidade de gozar fica tão embotada que acaba em total incapacidade de gozar ainda. O próprio gozo progressivamente intensificado produz, por fim, a incapacidade de gozo. O gozo atrofia a gozabilidade — e então o infeliz gozador está maduro para o hospício, para o hospital ou para o cemitério — ou então para um inferno em plena vida.

Toda a física acaba fatalmente em fastio se não tiver um fundo de metafísica.

O felizardo que não baseia a sua felicidade em gozos externos, mas usa esses como simples condimentos e acessórios, pode gozar sempre sem fastio nem náuseas de super-saturação. Pode parecer triste aos olhos dos inexperientes, mas é um homem profundamente feliz dentro de si mesmo.

3. Bem-aventurados os mansos, porque eles possuirão a Terra

Antigamente, desde os tempos de Newton, o Universo se parecia com uma espécie de *monarquia* solar ou estelar; o nosso sistema planetário era regido por Sua Majestade o monarca "Sol", que dava ordens aos seus súditos planetários, mediante as forças de atração e repulsão, e estes obedeciam à autoridade solar. Era o regime da autoridade e da obediência.

Em nossos dias, porém, Einstein vê no Universo uma fascinante *cosmocracia*, cujo soberano não tem localização determinada, nem irradiação central, mas está onipresente e atua simultaneamente de dentro de cada átomo. O conceito de uma força central mecânica foi substituído pela visão da presença orgânica. A técnica da máquina solar cedeu à concepção de uma espécie de vida cósmica universal.

Esta visão do centro como onipresença faz lembrar as palavras de Santo Agostinho: "O centro de Deus está em toda parte".

É este o segredo da alma da natureza, que atua através de uma força sem esforço que, na intuição de Salomão, abrange o cosmos de uma a outra extremidade e dispõe tudo com poder e suavidade: "A sabedoria de Deus brinca todos os dias sobre toda a redondeza da Terra".

Na natureza tudo acontece com poder e silêncio, com um silêncio poderoso; o Sol nasce e se põe em profunda quietude: o Sol move gigantescos sistemas planetários, mas penetra suavemente pela vidraça de uma janela sem a quebrar, acaricia as pétalas de uma flor sem as lesar e beija as faces de uma criança dormente sem a acordar. As estrelas e galáxias descrevem as suas órbitas com estupenda velocidade pelas vias inexploradas do cosmos, mas nunca deram sinal da sua presença pelo mais leve ruído. A luz, a vida e o espírito, os maiores poderes do Universo, atuam com a suavidade de uma aparente ausência.

Como nos domínios da natureza, o verdadeiro poder do homem não consiste em atos de violência física, mas sim numa atitude de presença metafísica; não se trata de *fazer algo*, mas de *ser alguém*.

Quando o homem atinge o clímax do seu poder, toda a antiga violência acaba em benevolência. A violência é sinal de fraqueza, a benevolência é indício de poder. O homem-ego confunde violência com poder, mas o homem-Eu evita toda violência quando entra na zona do poder; para ele, *ahimsa* (não-violência) é inseparável da *satyagraha* (apego à verdade).

Somente o homem-ego, na zona da evolução *mental*, embora tenha superado o *natural*, não entrou ainda no mundo *espiritual*; por isto julga necessário usar violência para manifestar poder. Entre o *natural* e o *espiritual* vigora uma secreta afinidade, ao passo que o *mental* está em luta entre esses dois mundos.

A proclamação de que os mansos são os realmente felizes e possuirão a terra é uma visão profética, uma antecipação apocalíptica de uma futura humanidade, que estabelecerá o Reino de Deus sobre a face da Terra pelo misterioso poder da benevolência, e não pela ominosa fraqueza da violência. E quando aparece um homem que revela o seu poder pela mansidão, pode ele ser considerado como um espécime e uma antecipação dessa humanidade do futuro.

O profano comum entende que o homem espiritual é uma espécie de "galinha-morta", que não deve insistir nos seus direitos, que deve tolerar com apatia e indiferença todos os abusos e não reprimir com energia nenhuma indisciplina; não compreende que a expulsão dos vendilhões do templo seja compatível com a alta espiritualidade do Nazareno. O homem profano identifica mansidão com fraqueza e indiferença, rigor e energia com ausência de espiritualidade; não compreende que o homem espiritual possa defender com entusiasmo uma causa sagrada, sem ser impelido por nenhum sentimento de egoísmo ou ofensa pessoal.

Os grandes Mestres, porém, sabem ser severos e rigorosos sem renegarem a mais perfeita mansuetude e benignidade; são por vezes tão carinhosamente cruéis que nenhum profano cruelmente cruel é capaz de os compreender.

Violenta non durant, diziam os antigos romanos: as coisas violentas não duram.

O ego tenta apoderar-se e possuir as coisas da terra pela violência — e por isto nunca as possui realmente. É que as coisas do mundo de Deus têm um misterioso instinto, como que um sagrado *pudor* de não quererem ser violentadas e estupradas. As filhas da natureza são tão delicadas e virginais que não querem ser possuídas à força. Quem delas se apodera não as possui, embora as tenha encarceradas, encaixotadas e engarrafadas; ainda que as registre e carimbe como sua propriedade, com todos os seguros da burocracia social.

As coisas do mundo de Deus só podem ser realmente possuídas assim como o Deus do mundo as possui: com suavidade e ternura; assim como a luz possui as flores, como o amor possui o amado, como a alma possui o corpo, como a vida possui o organismo.

Quando algo ou alguém não quer ser possuído, nada e ninguém o pode possuir, embora o segure entre os dedos crispados ou guarde num cofre forte, por detrás de sete chaves.

Possuível e possuído é somente aquilo ou aquele que deseja ser possuído. Do contrário, podem ser os dois uns possessos — mas não há possuído nem possuidor. Onde não há espontaneidade bilateral não há verdadeira posse.

Como dissemos, a posse é muito mais uma atitude metafísica do que um ato físico. Possuir é algo do mundo da luz, da vida, do amor, do espírito — e não da matéria.

E é precisamente por esta razão que os possuidores da terra são os não-violentos, os mansos, os gênios das auras imponderáveis, e não da matéria ponderável. Os violentos, sobretudo os da violência mental e emocional, nunca possuirão nada, embora o tenham preto sobre branco, registrado e carimbado no cartório.

Julgam possuir as coisas da terra, mas são apenas por elas possuídos e possessos.

O que é violentamente possuído está envenenado por fluidos maléficos e será sempre um malefício para o seu possuidor.

O que Deus uniu homem algum pode desunir — mas Deus é amor.

O que não é unido pelo amor não é realmente unido.

Quem não possui pela alma não possui.

O Universo e todas as suas riquezas são daqueles que deles não se apoderaram, e em voluntária renúncia abriram mão de tudo e não possuem nada.

O desapego é o único meio de possuir.

A total libertação é a única posse real.

A verdadeira posse não é um ato físico, mas sim uma atitude metafísica do homem.

As palavras do Nazareno sobre a posse da terra pelo não-possuimento, pela mansidão, só tinham sentido depois da experiência mística de uma "noite toda em oração com Deus". Semelhante paradoxo não era possível num ambiente de profanidade ou mera intelectualidade. Aliás, os grandes paradoxos da verdade brotam sempre do mundo invisível do espírito, e nunca do mundo visível da matéria nem do intelecto.

Quando a natureza percebe que o homem não lhe corre no encalço para se apoderar dela, ela mesma vai no encalço do homem para lhe oferecer espontaneamente seus tesouros.

Quando a natureza percebe que o homem a cobiça, afasta-se dele, porque o secreto heliotropismo de todas as coisas de Deus desconfia do homem que adora ou explora. A natureza não quer ser idolatrada nem brutalizada pelo homem. Não quer ser ídolo nem escrava, mas amiga do homem. Não quer ser obrigada a servir, quer servir espontaneamente ao homem, assim como serve a Deus em exultante liberdade.

Quem algo espera do mundo, deste nada pode o mundo esperar — mas quem nada espera do mundo, deste pode o mundo esperar tudo.

A violência consiste invariavelmente em atos do ego — a mansidão é sempre uma atitude do Eu.

Não necessita de compulsão quem possui compreensão.

Não necessita forçar quem sabe amar.

Barulhenta é toda violência, silenciosa é a mansidão.

Não necessita apelar para a força material quem tem em si o poder espiritual.

Suave e silencioso é tudo o que é grande, violento e ruidoso é tudo o que é pequeno.

Se os homens de Deus não fossem mansos, não agiriam como Deus age.

A mansuetude pode parecer fraqueza aos olhos dos violentos, mas ela se sabe mais forte do que toda a violência dos pseudofortes.

Quem é forte não tem necessidade de ostentar violência — somente os fracos têm a mania de serem violentos.

A violência é como a alopatia, que remedeia os sintomas imediatos do mal, mas não cura a causa profunda dele; a mansidão atua como a homeopatia, é de ação lenta e profunda, embora não se lhe perceba efeito imediato.

A violência calcula tudo a curto prazo, ao passo que a mansidão visa tudo a longo prazo.

O míope tem de ser violento porque lhe falta a longe-vidência; atua no tempo e no espaço, e não no eterno e no infinito.

O homem manso pode parecer um derrotado — mas a sua aparente derrota é sempre uma vitória verdadeira; na sua retaguarda marcha sempre a vanguarda; em todas as suas fraquezas é ele sempre um herói.

4. Bem-aventurados os que têm fome e sede da justiça, porque eles serão saciados

Felizes os que têm fome e sede...

Pode-se lá imaginar maior desafio do que este?

No mundo dos profanos vale exatamente o contrário: felizes os fartos porque nunca sofreram fome nem sede.

E, de tão fartos, esses pseudofelizes acabam quase sempre tão infelizes, que toda a sua fartura termina em insuportável fastio.

Esses fartos estão quase sempre fartos da sua vida.

Consta pela estatística internacional que o maior número de suicídios ocorre entre os ricos e abastados, e ocorre invariavelmente em tempo de farturas e bem-estar. Na Europa, após a última guerra mundial, no período de carestia, houve muito menos suicídios do que em longos períodos de paz e fartura. O homem profano acha tão insuportável uma vida 100% satisfeita e farta que tenta evadir-se deste insuportável tédio da sua vida terrestre.

Se muitos morrem de fome, muitíssimos se suicidam de fastio.

No entanto, com a fome e sede de que fala o Mestre acontece precisamente o contrário: ter fome e sede da justiça, da verdade, intensifica a felicidade e crea uma experiência de vitalidade potencializada.

Nenhuma prosperidade física é por muito tempo suportável sem uma base metafísica.

Quando um homem começa a ter fome e sede do manjar espiritual e das águas vivas do espírito, principia ele a viver plenamente, e nunca mais desejaria viver sem essa bendita fome e essa deliciosa sede. Tem pena dos pobres profanos que nunca sentiram essa inefável vivência metafísica e mística.

Os egos-satisfeitos são uns infelizes, mas não o sabem.

Os egos-insatisfeitos são os felizes, e têm plena consciência da sua felicidade.

Dinheiro, sexo e divertimentos — essa trindade de objetos exteriores não permite ao homem profano ter sede de algo além dessa infeliz satisfação. E quando algum profano é ameaçado de perder a sua infeliz satisfação, quando é incapaz de se deliciar ulteriormente com dinheiro, sexo e divertimentos — que faz ele? Tenta narcotizar com derivativos e dispersivos a sua vacuidade, tenta anestesiar temporariamente as suas dores, não para ser feliz, mas para sentir menos a sua infelicidade, por algum tempo. Ele conhece uma farmacopéia de expedientes, comprimidos, injeções e analgésicos, que suavizam as dores do ego doente, embora nenhum desses remédios possa curar os males; contenta-se com paliativos e camuflagens menos dolorosos do que a operação cirúrgica recomendada pelos mestres.

É esse um dos mais incompreensíveis enigmas do homem-ego; ele adora devotamente os seus tiranos. Se não os adorasse, acabaria com esses ídolos. Mas o fato é que ele adora sadicamente os que lhe causam tamanhas dores — tão insincero é ele consigo mesmo. "Ama os teus inimigos" — será que o homem-ego não parodia estas palavras do Cristo?

Quando, porém, esse homem suspeita a presença do seu Eu divino, nas entranhas do seu ser, então começa ele a sofrer as dores de parto da sua prole. Sofre a agonia de uma "feliz insatisfação". Compreende o que o Nazareno quis dizer com as palavras ditas à samaritana: "Quem bebe desta água torna a ter sede, mas quem beber da água que eu lhe der nunca mais terá sede" de outras águas que os profanos costumam oferecer a seus amigos. A mulher, "dos cinco maridos mais um amante", no momento não compreendeu o sentido profundo dessas palavras, como geralmente os profanos não as compreendem.

Mas quando o homem descobre o sabor das águas vivas, dá-se nele a grande metamorfose. Parece-se então com uma dessas lagartas das nossas hortas ou pomares, em vésperas de transformação. Não comem mais, não se divertem mais; pressente uma vida nova, a vida ignota da borboleta alada. Esse homem parece triste e solitário, ensimesmado. Parece que toda a sua ruidosa explosão de ontem e anteontem se vai focalizar numa silenciosa implosão... A lagarta do ego, no acaso da sua metamorfose, suspende todas as atividades de outrora. Fecha todas as portas para o mundo exterior... Enclausura-se num invólucro impenetrável, hermeticamente fechado, e dentro deste esquife-berço o ego moribundo preludia a vida do Eu nascituro... Vai elaborando os órgãos da sua incógnita borboleta.

Como será essa borboleta do Eu nascituro? Dessa nova e nunca vista creatura, que dormia invisível na lagarta do ego?

De modo algum pode a lagarta saber dos mistérios do lepidóptero nascituro — mas o seu subconsciente vital dirige tudo com infalível acerto e segurança, rumo à existência alada de amanhã; a sua fé biológica lhe inspira tudo o que tem de fazer...

Quando o homem se acha maduro para essa metamorfose, o supraconsciente dormente nele, a sua *anima naturaliter cristiana*, sabe como elaborar os órgãos e as faculdades necessários para uma vida nova em outra dimensão.

"Se o grão de trigo não morrer..."
"Eu morro todos os dias..."

E a alvorada do Eu crístico, que nasce do ocaso do ego-humano, em nada se parece com o que foi — assim como a borboleta nenhuma semelhança tem com a lagarta que se arrastava nas poeirentas baixadas da terra e não fazia senão comer e digerir. O lepidóptero voeja nas luminosas alturas do sol, e só desce de vez em quando para pousar sobre uma flor e beber uma gotinha de néctar do perfumoso cálice.

Assim o Eu divino do homem, redimido das misérias do ego-humano, contempla de cima todas as coisas da terra, mantendo apenas o contacto indispensável com as coisas de baixo, enquanto vive na pureza da luz celeste...

Lá se foi a sua *infeliz satisfação* de anteontem, bem como a sua *feliz insatisfação* de ontem!... Despontou a *feliz satisfação* de hoje, de amanhã e de sempre...

A fome e sede da verdade foram, finalmente, saciadas...

Mas para que a lagarta rastejante pudesse transformar-se na borboleta voadora, foi necessário que se interpusesse entre as duas vidas uma espécie de morte, a pseudomorte da crisálida... A vida da borboleta é a mesma vida da lagarta; é a mesma essência vital, numa outra existência; é uma sublimação e transformação de uma vida única — e esta metamorfose foi realizada graças à passagem pela pseudomorte da crisálida. Se a lagarta não tivesse uma fé biológica na vida, não permitiria, serena e calma, um mergulho nessa morte misteriosa da crisálida...

"Eu sou a ressurreição e a vida; quem tiver fidelidade a mim não morrerá e, ainda que tenha morrido, viverá para todo o sempre."

5. Bem-aventurados os misericordiosos, porque eles alcançarão misericórdia

À primeira vista, esta beatitude parece ser puramente moral e filantrópica — e ainda com a agravante de que outros nos façam a mesma misericórdia que a eles fizemos.

Se assim fosse, esta bem-aventurança representaria uma decaída da altura das precedentes. Entretanto, nem o caráter meramente moral nem a índole mercenária de retribuição fazem parte desta beatitude, que está bem à altura das outras, embora a sua índole seja profundamente metafísica e univérsica.

Aliás, os grandes Mestres da humanidade, sobretudo o Cristo, nunca falam de uma perspectiva puramente moral, horizontal; falam sempre da perspectiva vertical de uma metafísica ontológica e mística, lembrando nascentes que brotam do seio das montanhas e daí derivam para as planícies. Os ensinamentos dos grandes avatares da humanidade nunca são simples rios ou lagos plácidos nos vales, são sempre poderosas cachoeiras nas alturas. De horizontal a horizontal, não há voltagem, há apenas amperagem; não há ectopria, mas apenas entropia. Mas, como ensina a própria ciência, de nível para nível não há força; a força vem de desnível para nível. Onde não há um fundo de metafísica não há uma física poderosa; onde falta a mística, a ética se esgota logo em simples moralidade.

Esta beatitude anuncia a grande lei cósmica do *dar* e do *receber*; e a íntima interdependência entre estas duas atitudes do homem.

Ninguém pode receber algo para além da sua receptividade,

porquanto, como diz o antigo adágio filosófico, "o recebido está no recipiente segundo a capacidade do recipiente".

E a capacidade do recipiente se alarga ou se estreita segundo a maior ou menor atitude de doação do doador.

A finalidade desta beatitude não é apenas ética ou moral, como parece à primeira vista; ela é altamente mística. O maior beneficiado não é o receptor da misericórdia, mas sim o doador. Através da sua espontânea e desinteressada doação, o doador crea em si uma atitude de auto-realização em alto grau, alo-realizando os outros. Suposto, naturalmente, que o doador não vise a nenhuma retribuição por parte dos seus beneficiados, qualquer especulação, por mais sutil e secreta, no sentido de ser recompensado por seus benefícios, nulifica totalmente o valor da doação.

Por quê?

Porque qualquer idéia de recompensa, seja antes ou depois da morte, é egoísmo. Somente o ego humano pode ter semelhante intenção. O Eu divino no homem, o Pai, o Cristo interno, a Luz do mundo, o Reino de Deus, não esperam recompensa, nem da parte dos homens nem da parte de Deus, uma vez que o Eu, na sua essência, é tudo e não necessita de nada; ele apenas desperta ou conscientiza esse Tudo, que é ele mesmo.

Esta conscientização é feita pelos objetos, mas o sujeito é a fonte.

Somente um pobre mercenário espera ser recompensado, escorado por algo de fora.

Somente um homem incompleto deseja ser compensado.

Somente um pobre doente necessita ser pensado, como a enfermeira pensa os ferimentos.

Mas o Eu não é mercenário, nem incompleto, nem doente.

Portanto, quem dá misericórdia não espera misericórdia da parte dos homens.

Nem espera misericórdia da parte de Deus; mas, segundo leis eternas, a misericórdia de Deus flui, irresistível e espontaneamente, da Fonte plena para dentro de qualquer canal vazio. Quer o homem o saiba e queira ou não, a plenitude da fonte plenifica infalivelmente a vacuidade dos canais.

Pedi — e recebereis...

Buscai — e achareis...

Batei — e abrir-se-vos-á...

A finalidade desse pedir, buscar, bater, não consiste em lembrar a Deus que de algo necessitamos, nem em movê-lo a que nos dê o necessário. Pois, "vosso Pai celeste sabe que de tudo haveis mister, antes mesmo de lho pedirdes".

A finalidade do pedir, buscar, bater, não está em Deus, mas no homem. O doador não pode dar nada sem que o receptor possua a necessária receptividade — e essa receptividade é creada pelo homem mediante o pedir, buscar, bater.

O ensinamento dos grandes Mestres nunca visa, em primeiro lugar, aos objetos do mundo externo, mas sim ao sujeito do nosso mundo interno.

Muitos homens caridosos e filantrópicos vêem na sua beneficência o fim primário, ou mesmo único, da sua atividade altruística. Querem, acima de tudo, fazer benefícios; não compreendem que o beneficiado não é o alvo primário da beneficência, mas sim o benfeitor — naturalmente não o ego-canal, que seria egoísmo, mas o Eu-fonte, que é cristificação.

Muitos se iludem, convencidos de que toda a sua beneficência seja puro transbordamento da sua benevolência mística. Pode a beneficência horizontal servir de meio para intensificar a mística vertical, mas nunca pode ser um fim. O segundo mandamento, "amarás o teu próximo como a ti mesmo", nunca pode substituir o primeiro e maior de todos os mandamentos: "amarás o Senhor, teu Deus, com toda a tua alma, com toda a tua mente, com todo o teu coração e com todas as tuas forças".

Quando a beneficência se torna um fim em si, em vez de ser um auxílio, transforma-se num empecilho para a auto-realização espiritual.

O Universo é o Uno Infinito que transborda para o Verso dos Finitos.

O homem deve agir assim como o Universo age.

Só pode receber da Fonte do Uno na razão direta em que dá aos canais do Verso. Quando cessa a evasão rumo aos homens, cessa a invasão da parte de Deus. Quem não dá não recebe.

A medida da recipiência vertical é diretamente proporcional à distribuição doadora na horizontal.

Onde cessa a doação para os lados, cessa o recebimento de cima.

Estranhamente, quase todas as igrejas cristãs ensinam a seus filhos que devem praticar o bem aqui na Terra, a fim de serem recompensados por Deus no céu, entendendo por "céu" um determinado lugar, em tempos futuros e regiões distantes. Nesse sentido, os teólogos educam os seus adeptos para uma espécie de egoísmo, embora sublimado e póstumo. Por isso, disse o filósofo Bergson que as igrejas detestam o egoísmo terrestre, mas recomendam o egoísmo celeste.

Felizes são somente os misericordiosos, quando praticam misericórdia para com seus semelhantes desinteressadamente, sem esperar retribuição da parte deles.

Felizes são os misericordiosos que nem de Deus esperam recompensa por sua misericórdia, embora não possam abolir nem ignorar o fato de que a plenitude flui infalivelmente para dentro da vacuidade — e essa atitude desinteressada é um total ego esvaziamento, uma vacuidade de todo e qualquer conteúdo do ego-humano.

Fazer bem aos outros envolve um grande perigo para o benfeitor, e muitos sucumbem a este perigo.

O fariseu no templo, que dava 10% dos seus haveres para fins religiosos e beneficentes, voltou para casa "não ajustado"; com todas as suas beneficências estava "desajustado", porque fazia o bem não como um transbordamento de ser bom, mas como um fim em si mesmo, quiçá até para a satisfação de sua vaidade pessoal.

É tão gostoso para o nosso ego fazer estatísticas das suas filantropias; sentir o cálido aperto de mão de um beneficiado; ver o sorriso de uma criança ou as lágrimas de um velhinho em face de um benefício recebido. E o homem se esquece facilmente de que é "servo inútil", e vai creando em si um complexo de utilidade e utilitarismo.

Tanto o Cristo como Krishna recomendam a seus discípulos que trabalhem intensamente, mas renunciem a cada momento aos frutos do seu trabalho.

Mas o nosso ego dificilmente compreende essa linguagem dos Mestres. Quando age, sucumbe ao falso-agir, visando em primeiro lugar aos frutos do seu trabalho; outros preferem não-agir, caindo numa total passividade; poucos conseguem as alturas de um reto-agir, trabalhando intensamente em qualquer setor de atividade, não por amor aos frutos do trabalho, nem à recompensa, mas por amor ao Pai, ao Cristo interno, à Luz do mundo, ao Reino de Deus dentro do homem, que deve ser realizado por qualquer atividade do ego.

O homem é aqui na terra o único ser que se pode fazer melhor do que Deus o faz. Disse alguém que Deus creou o homem o menos possível para que ele se possa crear o mais possível.

O homem é o único ser ao mesmo tempo creatura e creador. O

seu livre-arbítrio é um poder creador ou destruidor; por ele pode o homem fazer-se bom ou mau.

Não são os atos que o tornam bom ou mau, é a sua atitude interna, produto do seu livre-arbítrio. Essa atitude é o seu modo de ser, a árvore da atitude, da qual brotam os frutos dos atos.

Ser misericordioso é *ser-bom*, e todo o homem bom *faz o bem*. Do ser-bom há um caminho para o fazer-bem, como de cima as águas fluem para baixo. Mas o simples *fazer o bem* não é prova de *ser-bom*; pode o homem fazer o bem por outros motivos, até por motivos sem ética, como vaidade e ego-complacência.

Ou, na linguagem de precisão matemática de Einstein: "Do mundo dos fatos (fazer o bem) não conduz nenhum caminho para o mundo dos valores (ser bom); porque os valores vêm de outra região".

Poderia o grande matemático ter acrescentado: do mundo dos valores há um caminho para o mundo dos fatos; da qualidade de ser bom há um caminho para a quantidade de fazer o bem.

Da benevolência mística conduz um caminho para a beneficência ética.

Da fonte da mística derivam todas as águas para os canais da ética.

6. Bem-aventurados os puros de coração, porque eles verão a Deus

Os pobres pelo espírito são os possuidores do Reino dos Céus. Os puros de coração são os videntes do próprio Deus.

Os possuidores do Reino dos Céus são os que, interiormente, pela atitude do seu espírito, se despossuíram dos reinos da terra, e assim abriram o caminho para o Reino dos Céus.

Os videntes de Deus são os que se libertaram, não só dos bens materiais, mas também dos bens mentais e emocionais, de todos os pensamentos e desejos incompatíveis com o mundo divino.

Quem é puro de coração é também pobre pelo espírito; quem se libertou de pensamentos e desejos egoístas, também se liberta de posses egoístas.

Pureza, na linguagem do Evangelho, é sempre desapego de tudo que não seja compatível com o mundo do espírito; não se refere apenas a desordens sexuais, que são apenas um pequeno setor dessa vastíssima impureza do ego.

Nenhum objeto em si pode escravizar o homem, quando o homem se mantém, mental e emocionalmente, livre pela atitude interior; o que escraviza não é a posse interna, e sim o apego interno. Pode um milionário estar livre daquilo que possui — e pode um pobre mendigo estar livre daquilo que não possui, mas deseja desordenadamente possuir.

Liberdade e escravidão não são, em última análise, uma questão de ter ou não ter, mas sim um problema de não ser possuído por aquilo que se possui, ou mesmo não possui.

A pobreza pelo espírito supõe necessariamente a pureza do coração. Nenhum ato em si, nenhum fato, nenhum objeto escraviza o homem, se ele mantém no seu interior uma atitude de desapego e liberdade.

Não existem objetos moralmente bons ou maus; todos os objetos são moralmente neutros, nem bons nem maus. Somente o sujeito é que pode ser bom ou mau, pela atitude correta ou incorreta do seu livre-arbítrio.

A morte priva o homem do seu corpo material — mas não o priva necessariamente do seu materialismo, que é uma atitude mental e emocional. Possivelmente, existem mais materialistas no mundo imaterial do que no mundo material. A morte não nos priva do materialismo, que é uma atitude mental do ego, e pode ser mantida indefinidamente; priva-nos apenas da matéria. O nosso livre-arbítrio é responsável pelo nosso materialismo ou não materialismo, seja antes, seja depois da morte.

Quem, durante a vida terrestre, em corpo material, não superou o seu materialismo, não tem a garantia de superá-lo após a morte, no mundo imaterial.

A morte não nos faz o que a vida não nos fez.

Por isso, é importantíssimo que o homem se liberte do seu materialismo, aqui e agora. Se o homem sem corpo material, porém materialista, não se libertar desse materialismo e só idolatrar a vida da matéria, possivelmente conseguirá voltar à matéria, mas nem por isto superou o seu materialismo. Pelo contrário, reforçou o materialismo mental pela rematerialização física. E, se nessa rematerialização física, não se desmaterializar mentalmente pela espiritualização do seu livre-arbítrio, poderá repetir quantas vezes quiser esse regresso à matéria sem progredir um passo, num eterno círculo vicioso.

"O homem é aquilo que ele pensa no seu coração" — estas palavras da sagrada escritura são uma grande verdade. O pensamento do homem é a locomotiva da sua vida; se os pensamentos seguem por trilhos errados, todos os vagões da vida humana seguem o mesmo caminho. E isto, sobretudo, quando são pensamentos do coração, isto é, pensamentos onerados de afetividade. Pensar é luz, querer é força; pensar afetivamente é uma luz poderosa, é um poder luminoso.

A pureza do coração visa, de preferência, ao mundo invisível dos pensamentos e dos afetos, que, mais do que outro fator qualquer, libertam ou escravizam o homem, consoante a natureza positiva ou negativa dessa atitude mental.

O que modifica o homem não são as circunstâncias, como o nascer, o viver ou o morrer; mas sim a substância do seu ser.

Nascemos mercê de nossos pais.

Vivemos graças aos alimentos que assimilamos.

Morreremos em conseqüência de um acidente, de uma doença ou da velhice.

Nada disto é obra nossa, da nossa substância, é obra das circunstâncias alheias ao nosso verdadeiro ser. Nossa é somente a substância do nosso ser, que se focaliza no livre-arbítrio. O homem é, aqui na Terra, o único ser que se pode fazer melhor ou pior do que Deus o fez. Disse alguém que Deus creou o homem o menos possível, para que o homem se possa crear o mais possível. De Deus recebeu o homem a sua creaturidade creativa e, de acordo com sua creatividade, o homem se pode tornar melhor ou pior do que Deus o fez.

O livre-arbítrio é a chave do céu ou do inferno, da felicidade ou da infelicidade, da vida eterna ou da morte eterna.

Quando o livre-arbítrio não está em sintonia com o infinito, o homem está, por assim dizer, num ambiente opaco que não permite ver a Deus; mas, quando o homem sintoniza a sua consciência individual com a consciência universal, a sua visão se torna diáfana e transparente; ele vê Deus, não somente em Deus, mas também em todas as obras de Deus. Para ele, o mundo mineral, vegetal e animal deixou de ser algo espesso e opaco; todos os invólucros se tornaram como que transparentes e cristalinos, e lhe permitem enxergar o seu conteúdo, a sua essência interna através das existências externas. Se Deus não estivesse presente em todas as coisas — ou melhor, se Deus não fosse a íntima essência de todas as coisas — o homem só poderia imaginar a presença de Deus, só poderia sugestionar-se ilusoriamente como se Deus estivesse presente. Mas como a onipresença de Deus é uma realidade ontológica e metafísica; como não há nada onde Deus não esteja presente, o homem, em toda a plenitude da verdade, pode ver Deus em tudo, sem nenhuma necessidade de recorrer a sugestões e camuflagens artificiais. Ver o Deus onipresente, presente em qualquer creatura — em átomos e astros, em pedras e plantas, em animais e hominais — isto é iniciar o Reino de Deus aqui na Terra.

A pureza do coração produz, pois, uma espécie de clarividência, digamos, uma teo-vidência.

Aliás, todo progresso do mundo do espírito consiste, sempre e invariavelmente, num processo de remoção de obstáculos. A realidade espiritual nunca está ausente; nunca o homem necessita tornar presente o que está ausente. O que o homem necessita fazer é unicamente ver o que está presente, mas invisível; perceber o que está imperceptivelmente presente; conscientizar o que está realmente presente, mas de que o homem era inconsciente.

Quando a vidraça de uma janela está coberta de fuligem ou outra substância impenetrável, e o sol meridiano brilha do outro lado e eu estou deste lado da vidraça, o sol presente em si está ausente de mim. É invariavelmente isto que acontece ao homem profano quando não percebe Deus, o espírito, a Realidade eterna, objetivamente presentes, mas subjetivamente ausentes.

Nos seus *Solilóquios*, Santo Agostinho pergunta a Deus: "Onde estavas tu quando eu vivia nos meus pecados?". E Deus lhe responde: "Eu estava no meio do teu coração; estava sempre presente a ti, mas tu estavas ausente de mim". Ao que Agostinho replica: "Como podia eu estar ausente de ti se tu estavas presente a mim? Presença não supõe dois?". E Deus lhe responde: "Eu estava sempre presente a ti porque sou onipresente a todas as coisas; mas tu fazias de conta que eu estava ausente, para poderes viver nos teus pecados; e a esta suposta ausência minha tu chamavas a minha ausência".

Nenhum homem pecador gosta de admitir a presença de Deus, assim como as trevas não gostam da presença da luz. E o homem, para justificar a sua atitude antidivina, recorre a toda a espécie de camuflagens e escamoteações, para se convencer, ou pelo menos persuadir, de que Deus não existe.

Todo ateísmo metafísico é uma conseqüência do ateísmo moral. Somente o homem que enxerga alguma vantagem subjetiva na idéia da ausência de Deus está inclinado a negar a existência objetiva dele. O sistema da nossa filosofia, disse alguém, é quase sempre o produto do nosso modo de viver. Nenhum homem eticamente bom está em perigo de professar ateísmo.

Os puros de coração verão a Deus, porque a pureza interior é uma transparência espiritual.

Os romanos chamavam o Universo *mundus*, que quer dizer, puro. O mundo de Deus é sempre puro, inconscientemente puro. Somente o mundo do homem pode ser conscientemente puro ou conscientemente impuro. Quando o homem, pelo uso correto do seu livre-arbítrio, crea em si um mundo puro, fez ele coincidir a sua pureza consciente com a pureza inconsciente do cosmos — e é então que ele descobre, pela primeira vez, que o mundo, que é *mundus* (puro), é também um *kosmos*, isto é, um mundo "belo", como os gregos chamavam o mundo.

Para o puro de coração, a pureza e a beleza de Deus transparecem através de todos os mundos de Deus.

A diafania da alma torna diáfanos todos os corpos opacos.

7. Bem-aventurados os pacificadores, porque eles serão chamados filhos de Deus

Paz...

Há quase dois mil anos que os arautos de Deus cantaram sobre o estábulo de Belém: "Paz na terra aos homens de boa vontade".

E alguns decênios depois, em vésperas de sua morte, disse o Nazareno aos seus discípulos: "Eu vos dou a paz, eu vos deixo a minha paz; não a dou como o mundo a dá, para que minha alegria seja em vós, seja perfeita a vossa alegria, e nunca ninguém tire de vós a vossa alegria".

Depois da sua ressurreição, Jesus saúda os seus discípulos, invariavelmente, com as palavras: *"Salem alelkum"*, a paz seja convosco.

Entretanto, a história do cristianismo, que nasceu sob o signo da paz, é uma história de guerras e de armistícios, mas não de paz. O armistício é uma pseudopaz, uma trégua entre duas guerras.

O nosso ego humano nada sabe de paz, só conhece guerra — a guerra quente nos campos de batalha, ou então a guerra fria do armistício, nos parlamentos. Por isto dizia o Mestre: "Eu vos dou a paz, mas não a dou como o mundo a dá", em forma precária de pseudopaz ou armistício.

Aliás, quando o ego nasceu, como refere o *Gênesis*, já nasceu beligerante, lutando para os dois lados, guerreando o mundo de Deus e o Deus do mundo: "Porei inimizade entre ti e a mulher, entre teu descendente e o descendente dela (o Cristo); ele te esmagará a cabeça e tu armarás cilada ao calcanhar dele!".

Esta é a guerra do antiCristo contra o Eu crístico.

E também entrou em guerra contra o mundo natural: "Comerás o teu pão no suor do teu rosto... num mundo coberto de espinhos e abrolhos".

E que fez o ego da nossa personalidade até hoje senão combater Deus e a natureza? Nunca a humanidade gozou de um único ano de paz verdadeira.

Bem dizia a *Bhagavad Gita*: "O ego é o pior inimigo do Eu, mas o Eu é o melhor amigo do ego".

Para que haja paz entre a personalidade humana do ego e a individualidade crística do Eu, deve o homem elevar-se à altura do Cristo, porque este não pode descer às baixadas do ego.

A paz social, nacional e internacional depende da paz individual. Enquanto o homem não fizer as pazes consigo mesmo, não pode ter paz com os outros. Todo e qualquer tratado de paz no mundo político-social acabará infalivelmente numa guerra quente, nos campos de batalha, ou então numa guerra fria nos parlamentos. As leis cósmicas são de uma lógica retilínea inexorável: nada há no mundo social que antes não tenha havido no mundo individual.

Sempre de novo, através de séculos e milênios, o homem tenta subornar as leis cósmicas, que são a ordem de Deus: sempre de novo tenta fazer o segundo antes do primeiro — e o círculo vicioso continua sem fim.

O homem tem de pacificar-se a si mesmo, antes de poder pacificar os outros.

"Bem-aventurados os pacificadores..."

A tradução habitual diz "pacíficos". Embora esta palavra seja certa em si, hoje em dia é ela mal compreendida. Pacífico é, para o homem comum, um homem calmo, passivo, mais ou menos inerte. Mas o termo latino é derivado de *pacem facere*, fazer a paz, bem como a expressão grega *eirenepoiuntes*, derivada de *eirene* (paz) e *poieo* (fazer). O sentido desta palavra é, sobretudo, ativo e dinâmico, e não estaticamente passivo. Feliz é o homem que faz ou realiza a paz, e não apenas vive ou vegeta pacificamente.

A paz não representa um estado de passividade e inércia, mas é uma conquista, uma vitória, altamente dinâmica. Pode o homem viver numa espécie de paz comparável à dos cemitérios, onde ninguém briga com os outros, mas todos estão em paz por falta de vida e vitalidade. Mas não é esta a paz desejável; a paz verdadeira é uma bonança que segue a uma grande tempestade, é a tranqüilidade final da sapiência depois de uma longa tormenta de dúvidas e incertezas.

Durante a última guerra mundial apareceu numa revista uma ilustração satírica: um enorme campo cheio de cruzes, uma ao lado da outra, um cemitério onde tinham sido sepultados milhares de soldados mortos na guerra — alemães, franceses, russos, ingleses, italianos etc., e a legenda dizia: "finalmente a paz mundial".

Esses beligerantes tinham conseguido a paz graças à perda da vida. A verdadeira paz, porém, não é uma paz por ausência de vida, mas sim uma paz pela presença e plenitude da vida, por uma vivência tão plena e exuberante que todas as desarmonias culminaram em perfeita harmonia.

Por isso dizia o Mestre: "Eu vim para que os homens tenham a vida, e a tenham em maior abundância".

O homem-ego não tem paz, porque não está na plenitude da vida, vive apenas uma semivida, quiçá uma pseudovida, e por isto tem de brigar com os outros, porque está em discórdia consigo mesmo.

A solução não está numa diminuição de vida, mas sim numa intensificação de vida. Se todos os homens tivessem a plenitude da vida, a consciência do seu Eu divino, haveria paz individual e paz universal.

A verdadeira paz é a coisa mais dinâmica e realizadora do mundo; o homem autopacificador e autopacificado é o campeão das grandes realizações; ele sabe que paz é um poder silencioso, uma potência irresistível, que faz lembrar o curso silencioso dos astros pelas vias inexploradas do cosmos, ou a irresistível dinâmica da natureza, que tudo vence sem o menor ruído.

A verdadeira paz tem afinidade com o mundo da metafísica, e não da física, com o mundo da invisível realidade, e não das facticidades visíveis.

A principal tarefa do homem, aqui na Terra, é estabelecer o grande tratado de paz dentro de si mesmo.

Toda a falta de paz que desgraça a pobre humanidade provém unicamente da falta de equilíbrio e harmonia entre o ego da humana personalidade e o Eu divino da sua alma. Aqui no Ocidente, é regra geral que o ego humano — material, mental e emocional — se preocupe com a vida humana sem se importar com o seu destino divino. "Que aproveita ao homem ganhar o mundo inteiro, se sofrer prejuízo em sua própria alma?" — estas palavras do Cristo enunciam, em forma lapidar, toda a tragédia da vida humana: o homem corre freneticamente atrás dos bens deste mundo, sem se importar com o bem-estar de sua alma. Mas essa diversidade dispersiva, sem a devida unidade concentrativa, tende a acabar fatalmente num caos centrífugo, que, na medicina, chama-se "frustração", que quer dizer despedaçamento ou esfacelamento. É precisamente este o programa do antiCristo, no episódio da tentação: "Eu te darei todos os reinos deste mundo e sua glória — prostra-te em terra e adora-me".

O homem ocidental é um homem visceralmente centrífugo, dispersivo, fragmentado, frustrado, e por isto não tem paz, que é o apanágio da harmonia, ou seja, da unidade na diversidade.

Alguns orientais caíram no extremo oposto, abolindo a diversidade a favor da unidade, substituindo a atividade do ego pela passividade do Eu; em vez de realizarem uma mística sadia, sucumbiram a um misticismo doentio.

O homem integral, porém, não é um profano dispersivo, nem apenas um místico concentrativo. O homem cósmico estabeleceu dentro de si o grande tratado de paz, a harmonia, o equilíbrio entre o seu centro divino e as suas periferias humanas. O homem integral é cósmico ou universico, porque é governado pelas mesmas leis que regem o mundo sideral, cuja atração centrípeta é perfeitamente equilibrada pela repulsão centrífuga.

A harmonia cósmica do homem, que se chama paz, é, pois, o resultado da realização do homem bipolar.

O homem que se pacificou a si mesmo por meio dessa lei de equilíbrio irradia paz e harmonia ao redor de si, na vida doméstica, social, nacional e internacional.

O autopacificador é, mesmo inconscientemente, um alopacificador. Não há necessidade que fale muito em paz, nem que faça congressos ou comícios pró-paz — basta que ele mesmo seja um centro e uma fonte da verdadeira paz — e o mundo será pacificado por esse centro de paz dinâmica.

Paz, já o dissemos, não quer dizer passividade, inércia, inatividade. A verdadeira paz é essencialmente dinâmica, ativa, realizadora, transbordando para todos os lados, assim como o globo solar irradia luz, calor, vida e beleza por todas as latitudes e longitudes do Universo.

Os verdadeiros pacificados e pacificadores, diz o Mestre, são chamados "filhos de Deus". Sendo Deus a infinita e eterna paz do Universo, que outra coisa poderiam os filhos de Deus ser, senão esta mesma paz?

Basta que exista algures um centro de paz dinâmica para que o mundo tenha paz.

Mas esse centro de paz dinâmica supõe autoconhecimento e auto-realização. Enquanto o homem não se conhece a si mesmo, confundindo o seu ego-humano com o seu Eu divino, não há conhecimento da verdade sobre si mesmo, e por isto não há libertação pela verdade. O primeiro passo para a realização do grande tratado de paz é a eterna pergunta: "Que sou eu?".

A resposta foi dada por todos os grandes Mestres da humanidade, sobretudo pelo Cristo, quando identificou o centro do homem com o Pai, com a Luz, com o Reino de Deus, com o Tesouro Oculto, com a Pérola Preciosa, com uma Fonte de águas vivas.

Quando o homem realiza em si esse Reino de Deus, verificará, talvez com grande surpresa, que não perdeu as coisas do seu ego humano, mas as possui mais firme e autenticamente. Quem possui o *mais* possui o *menos* – mas quem procura possuir este à custa daquele perde tanto o *menos* como o *mais*. Quem quer salvar o seu ego humano, sacrificando o Eu divino, perderá tudo; mas quem está disposto a renunciar ao ego humano a fim de possuir o Eu divino, verificará que, além de salvar este, salvou também aquele, uma vez que a redenção do TODO implica na redenção da parte. "Buscai, em primeiro lugar, o Reino de Deus e sua harmonia – e todas as outras coisas vos serão dadas de acréscimo".

Em véspera de sua morte disse o Mestre aos seus discípulos: "Eu vos dou a paz, mas não a dou como o mundo a dá". Promete-lhes uma paz com alegria. Uma paz passiva seria uma paz com tristeza, uma vez que a atividade é alegria, e a passividade é tristeza. Esta paz que o Mestre tinha em si, mesmo em face da morte, é a paz que ele quer ver em seus discípulos, não pode ser destruída nem pela perspectiva da morte, nem pela traição, negação e fuga de seus discípulos. Esta paz, que o mundo não pode dar e que o mundo não pode tirar, é totalmente inatingível pelas circunstâncias externas. Podem, sim, as circunstâncias adversas causar sofrimento e tristezas, como aconteceu até ao Nazareno, mas não podem destruir a paz e felicidade da alma. As tempestades revolvem a superfície do mar, mas na sua profundeza continua absoluta quietação e tranqüilidade. A soberania da substância divina do homem não é atingida pelas tiranias das circunstâncias humanas. A paz de dentro persiste no meio de todas as guerras de fora. É a grande declaração da independência espiritual no meio de todas as escravidões materiais e sociais.

A verdadeira paz dos filhos de Deus é silenciosamente dinâmica, age como se não agisse, realiza grandes coisas sem arrombar portas e sem esmagar ninguém; não atua com o estampido da explosão de uma bomba, mas com a taciturna potência com que o sol e as estrelas traçam as suas silenciosas órbitas pelo espaço infinito. A paz é silenciosamente poderosa, anonimamente irresistível, move os maiores pesos com leveza, faz com facilidade as coisas mais difíceis, abrange com suavidade todo o Universo de uma à outra extremidade, "não se ouve o seu clamor nas ruas, não quebra a cana fendida, nem apaga a mecha ainda fumegante".

O homem que encontrou a paz dentro de si mesmo não é apressado, nervoso, agitado, porque em qualquer trecho da sua jornada está sempre no termo e na meta de todas as suas viagens. O seu centro, como o de Deus, está em toda parte, e a sua querência está em sua própria consciência; a meta de todos os seus métodos coincide com o Infinito, como a geometria diz das linhas paralelas.

A paz do homem autopacificado pela verdade sobre si mesmo exala uma indefinível serenidade. Todos se sentem bem e felizes na presença desse homem que conquistou a paz depois de grandes lutas consigo mesmo. A sua serenidade dinâmica envolve e permeia todo o ambiente, como um fluido magnético, como uma aura suavemente poderosa, como um banho de luz e força. E todas as almas receptivas se sentem tão bem nesse Tabor de transfiguração que estão com vontade de dizer: Mestre, que bom que é estarmos aqui... vamos aqui armar as nossas tendas, porque aqui moram os filhos de Deus e aqui impera o Reino dos Céus...

Um único homem realmente pacificador e pacificado dentro de si mesmo vale mais para a paz universal do mundo do que todos os pretensos fazedores de paz que não realizaram a paz dentro de si mesmos.

"Bem-aventurados os pacificadores, porque eles serão chamados filhos de Deus."

8. Bem-aventurados os que sofrem perseguição por causa da justiça, porque deles é o Reino dos Céus

O Mestre amplifica esta bem-aventurança, acrescentando: "Bem-aventurados sois vós, quando vos injuriarem e perseguirem e caluniosamente disserem de vós todo mal, por minha causa; alegrai-vos e exultai, porque grande é a vossa recompensa nos Céus".

Quem lê esta bem-aventurança, e sobretudo o seu acréscimo, do ponto de vista do ego profano, não pode furtar-se à impressão ingrata de que a mensagem do Cristo é visceralmente sádica e escapista. Imagine-se: felizes são os que sofrem perseguição e difamação de toda espécie porque deles é o Reino dos Céus, aqui e agora, e não apenas no futuro.

Sendo que o Reino dos Céus está dentro do homem, no seu Eu divino consciente e realizado, parece que a auto-realização anda necessariamente incompatível com a realização do ego. Parece que o homem não pode ser espiritualmente bom sem ser ao mesmo tempo mártir e vítima da sua própria espiritualidade. E, para justificar este conceito, vai através de toda a literatura de quase dois mil anos a idéia de que Jesus foi o rei dos sofredores, o homem das dores, o mártir por excelência. Fomos educados na idéia de que não se pode ser feliz no Aquém sem ser infeliz no Além, ou vice-versa; que os que são infelizes na Terra serão necessariamente felizes no Céu.

É verdade que Jesus foi o rei dos sofredores?

Os seus sofrimentos, em 33 anos de existência terrestre, não abrangem quinze horas, desde a quinta-feira à noite, até a sexta-feira pelas três horas da tarde. Os seus sofrimentos físicos talvez não cheguem a três horas, desde o meio-dia até às três horas da sexta-feira, quando expirou. E todos estes sofrimentos foram livremente aceitos, antecipadamente: "Não devia então o Cristo sofrer tudo isto para assim entrar em sua glória?".

Será que já existiu sobre a face da terra um homem que vivesse 33 anos e sofresse tão pouco?

Mas... os sofrimentos morais e psíquicos de Jesus? A incompreensão do povo e dos seus próprios discípulos? A traição de Judas, a negação de Pedro e o abandono dos seus discípulos?

E não sabia o Cristo de tudo isto na encarnação? Não sabia ele que a encarnação era um mergulho nas trevas espessas do mundo material e hominal?

Quando se sofre livremente, por amor a um grande ideal, o sofrimento perde o seu mais profundo amargor; realmente amargo é somente o sofrimento quando sofrido estupidamente, à toa, sem se saber por que, sem nenhuma finalidade superior. Todo sofrimento, físico ou moral, realizado à luz de uma grande missão, de um ideal sublime, é uma doce amargura, é um "jugo suave" e um "peso leve".

Foi nesse sentido que Jesus proclamou felizes os que sofrem perseguição por causa da verdade, precisamente porque deles é o Reino dos Céus que está no interior de todo homem. Não diz "será", mas "é" o Reino dos Céus. O Reino dos Céus não jaz em nenhuma região distante e futura; o Reino dos Céus não é objeto de uma aquisição após a morte. O Reino dos Céus é a íntima natureza de todo homem. A presença deste Reino é um fato, uma realidade no interior de cada homem. A diferença não está em que o Reino de Deus esteja *presente* em alguns, e *ausente* de outros — a diferença está unicamente no fato de terem alguns a *consciência* da presença desse Reino, e outros viverem na *inconsciência* dessa presença. Para alguns homens o Reino de Deus é ainda "uma luz debaixo do alqueire", para outros já é "uma luz no alto do candelabro" da sua consciência espiritual.

Os que ainda não conscientizaram a presença da luz, do Reino dentro de si, sofrem como se essa luz, esse Reino, estivessem ausentes, como se tudo fosse treva espessa.

A conscientização da presença da luz do Reino depende da reta ou falsa função do livre-arbítrio de cada um.

É experiência geral que o ego, quando está repleto de gozos e satisfações, dificilmente se interessa pelas coisas do seu Eu espiritual. O desejo de algo espiritual só desperta no homem quando lhe faltam os objetos do ego. O homem-ego só conhece os *objetivos da vida*, mas ignora a sua *razão de ser*. Enquanto os objetivos da vida estão presentes em abundância, o homem profano procura a sua satisfação e felicidade nesses objetos, e dificilmente descobre a sua razão de ser, que tem de ver com o seu sujeito profundo, com o seu Eu interno...

A parábola dos convidados à festa nupcial, do Evangelho, é uma ilustração típica dessa atitude: os homens profanos, convidados em primeiro lugar, não compareceram à festa nupcial do Reino de Deus, porque um comprou um sítio e tinha de vê-lo e cultivá-lo; outro comprou cinco juntas de bois e tinha de experimentá-las; o terceiro havia casado e tinha festa e baile em casa. Todos eles, de tão satisfeitos com os objetos da vida, não sentiam a fome de uma razão de ser superior. Os seus *teres* e *fazeres* eclipsaram totalmente o seu *ser*. Não atingiram a plenitude espiritual por causa das suas pseudoplenitudes materiais, que eram as suas grandes vacuidades.

Então, convidou o senhor à festa nupcial os pobres, os aleijados, os surdos, todos os que não estavam saturados com os objetivos da vida, e estes compreenderam a razão de ser da sua existência superior, e compareceram à solenidade do Reino de Deus, pelo autoconhecimento e pela auto-realização.

A transição da ego-consciência para a Cristo-consciência implica, quase sempre, em sofrimento, em "caminho estreito e porta apertada"; mas, uma vez conseguida a Cristo-consciência, a vida do homem espiritual pode tornar-se um "jugo suave" e um "peso leve".

Para os *realizandos*, a espiritualidade é um sofrimento.

Para os *realizados*, é um gozo.

A *infeliz satisfação* do profano deve passar pela *feliz insatisfação* do místico — a fim de poder, um dia, culminar na *feliz satisfação* do homem cósmico.

Todos os Mestres da vida espiritual falam a homens profanos, espiritualmente analfabetos, como é o grosso da humanidade. E por isto insistem na necessidade da renúncia, do sacrifício, da abnegação. Insistem na transição do homem profano para o homem místico e pouco se referem ao homem cósmico. A pedagogia tem de preceder à metafísica. Se os Mestres mostrassem a compatibilidade da felicidade espiritual com os gozos externos, que aconteceria? A imensa maioria dos profanos se julgaria pertencente à elite dos homens cósmicos; substituiriam a libertação real por uma pseudolibertação ilusória, gozando os prazeres da vida na ilusão de serem homens cósmicos, de terem já superado o doloroso período ascético-místico.

O profano, sobretudo quando ignorante, e ainda por cima arrogante, facilmente se convence de que o seu primitivismo espiritual é perfeição e que renúncia, sacrifício, ascese são estágios superados. O mais difícil dos doentes é aquele que considera como saúde a sua própria enfermidade. Os grandes Mestres sabiam disto, e por isto insistiam grandemente na renúncia e no sacrifício: "Quem não renunciar a tudo o que tem não pode ser meu discípulo". Só depois de renunciar corajosamente a tudo é que o homem pode possuir algo sem perigo — pode mesmo possuir tudo sem ser possuído por nada. Mas estes poucos — onde estão?

Albert Schweitzer escreve: "O cristianismo é uma afirmação do mundo que passou pela negação do mundo".

E Mahatma Gandhi diz: "Homem, renuncia a tudo, entrega tudo a Deus — e depois recebe-o de volta, purificado, das mãos de Deus".

O homem-ego é incrivelmente insincero consigo mesmo; a expressão bíblica *omnis homo mendax* (todo homem é mentiroso) é pura verdade: o homem tem a inestirpável mania de se iludir a si mesmo, de se julgar auto-realizado, quando nem começou ainda o *abc* da sua iniciação. Em vez de soletrar o *abc* e a tabuada na escola primária, procura matricular-se na universidade do espírito.

Em face desse pendor de insinceridade, de mendacidade, de autodecepção, devem os grandes Mestres falar como falam, chamar felizes os que sofrem perseguição e difamação por causa da verdade. Só assim podem eles levar os analfabetos do espírito a aprenderem os rudimentos da espiritualidade.

Ninguém pode passar do primeiro ao terceiro sem passar pelo segundo. Ninguém pode chegar ao mundo da consciência Cristo-cósmica sem ter passado pelo mundo da mística ascética.

Segundo todos os Mestres, o caminho ascensional passa pelos estágios da *purificação*, da *iluminação* e da *união*. Se o profano impuro não se purificar das suas impurezas, não pode ser iluminado pela mística, nem unido pela consciência cósmica. É esta a matemática inexorável do Reino de Deus. É esta a lógica retilínea da libertação pela verdade.

É imensa a legião dos profanos que se julgam cósmicos — porque não passaram ainda pelo noviciado da mística.

Quanto mais severamente o homem passar por esse noviciado místico-ascético, tanto mais esperança tem ele de entrar um dia no mundo glorioso da consciência cósmica do Cristo.

"Bem-aventurados os que sofrem perseguição pela justiça, porque deles é o Reino dos Céus."

Epílogo

A Mística das Beatitudes resume, em duas palavras, o que o Mestre disse depois de proferir essas oito proclamações, que representam a plataforma do Reino de Deus e o auto-retrato de sua própria alma:

"Vós sois o sal da terra."

"Vós sois a luz do mundo."

Estas duas alegorias formam como que o alicerce e ao mesmo tempo a pedra de fecho do majestoso santuário sustentado pelas oito colinas das bem-aventuranças. Esse octógono tem o seu fundamento nas alturas do céu, como a cidade santa de Deus, que, segundo o Apocalipse, desce de cima para baixo; tem as raízes no céu, e se ramifica, floresce e frutifica na terra.

Quando algum homem já é sal e luz, realiza com espontânea facilidade o conteúdo das Beatitudes, que aos profanos e inexperientes pode parecer absurdo ou extremamente difícil.

O sal dá sabor a todos os alimentos — assim como a experiência espiritual é um misterioso condimento que permeia de sapiência todas as insipiências, e dá sapidez divina a qualquer insipidez da vida humana. O sal, se fosse tomado em estado puro, não seria agradável, mas, quando usado discretamente como aditamento, dá sabor a tudo. É a espiritualidade sensata e dosada que transforma todas as materialidades e preserva-as, ao mesmo tempo, da corrupção.

A luz, essa realidade mais sutil e invisível do Universo, dá vida, alegria e beleza a todas as creaturas da Terra. Sem ela, o Universo não seria um cosmos, mas um caos de morte e treva.

Estas duas alegorias, sal e luz, sabor e vida, são a quintessência da filosofia e poesia do Nazareno. Nelas se aliam a metafísica da verdade e a mística da beleza. Bem se poderiam aplicar a estas alegorias as palavras de Mahatma Gandhi. "A verdade é dura como o diamante — e delicada como flor de pessegueiro."

Por esta razão, acrescentamos às Beatitudes este remate metafísico-místico, coroa e alicerce do santuário da sabedoria cósmica do Nazareno.

“Vós sois o sal da terra”

O sal é, por via de regra, identificado com o nosso sal de cozinha, cloreto de sódio, que usamos para dois fins: para dar sabor aos alimentos e para preservá-los da putrefação. Neste sentido popular, a idéia do sal tem ótima aplicação ao mundo espiritual.

O discípulo do Cristo tem de fazer, na zona espiritual, o que o sal faz no mundo material: dar sabor à vida — e preservá-la da putrefação.

Sem o condimento do sal, os alimentos são insípidos, ou insulsos — e não é isto mesmo que acontece no mundo superior? O profano, que nada sabe do condimento da espiritualidade, leva uma vida insípida; mas, como ele ignora a sua própria insipidez, nem jamais saboreou alimento espiritual, tolera os seus alimentos cotidianos, insulsos. E quando a insipidez se lhe torna insuportável, procura esquecê-la por algum tempo, narcotizando-se com toda a espécie de anestésicos e analgésicos, como são geralmente dinheiro, sexo e divertimentos. Praticamente, nenhum profano sabe de outra coisa que não se possa reduzir de algum modo a essa trindade egóica. Pratica esses escapismos temporários com a intenção de fugir da insipidez da vida; mas, depois de voltar a si, enfrenta novamente, com redobrada violência, a mesma insipidez. Na juventude é sobretudo o escapismo para a zona do sexo, da luxúria em todas as suas variantes. Para isto, não necessita ele de muito dinheiro; basta ter um corpo são e normal, e o caminho para essa espécie de narcótico está aberto.

Na idade madura é sobretudo o dinheiro, em todas as suas formas, que serve para derivativo: indústria, comércio, negócios, especulações cambiais etc.

E em todas as idades servem os divertimentos e as diversões, esportes, viagens, que hoje em dia têm aspectos tão variados que parecem até satisfazer os mais avançados anseios do homem profano.

Alguns sabem sublimar o seu alimento por meio de condimentos mais sutis, como sejam a ciência e a arte. Sobretudo a arte serve, não raro, de traço de união entre a física e a metafísica.

Para o homem de sorte, esses derivativos substituem, muitas vezes, a ignota zona da metafísica e da mística. Mas, quando os revezes da fortuna e o estado de saúde privam o homem de sentir plena satisfação nesses ídolos do ego — então se acha ele numa dolorosa encruzilhada da sua existência. O sofrimento pode ser uma espada de dois gumes: pode ser o início da sublimação da vida humana — e pode ser também o início do seu total desespero. Se o homem, durante meio século de vida totalmente profana, vivida na dimensão do dinheiro, do sexo e dos divertimentos, se vir subitamente privado desses seus ídolos tradicionais, dificilmente enveredará, de improviso, pelo caminho da sublimação espiritual; acabará, provavelmente, no desânimo, no desespero, possivelmente no manicômio, no hospital, quiçá no suicídio — em todo caso num inferno em plena vida.

É sumamente perigoso, mesmo em estado de plena saúde e prosperidade, firmar-se com ambos os pés unicamente na base da física, sem nenhum apoio na metafísica.

Somente homens de natureza medíocre encontram plena satisfação, como eles pensam, na zona da física, sem anseios metafísicos.

Caracteres dotados de maior voltagem vital fazem a experiência seguinte: quanto mais favoráveis são as circunstâncias externas da sua vida, maior e mais intensa é a nostalgia da substância interna. Não é necessário nenhum terremoto de fora para essas pessoas sentirem a sua inquietude metafísica; parece até que a própria plenitude física lhes faz sentir mais conscientemente a sua vacuidade metafísica. A harmonia da sua vida material, emocional e social lhes faz sentir ainda mais a desarmonia do seu mundo espiritual.

Neste ambiente, deve Santo Agostinho ter escrito as tão citadas palavras: "Fizeste-nos para ti, Senhor, e inquieto está o nosso coração até que encontre quietação em ti".

Poucos homens devem ter levado uma vida externa tão feliz como esse genial africano; mais de meio século de prosperidade, de saúde, de inteligência brilhante, de glórias, de admiração e esse homem, nadando num oceano de prosperidade humana, anseia por uma felicidade longínqua, desconhecida, porém intensamente farejada — e sofrida.

Outro homem, Léon Tolstói, foi outro felizardo profundamente insatisfeito: fazendeiro riquíssimo, dono de uma fortuna imensa, pai de nove filhos, feliz como esposo e pai, como escritor, poeta e artista, alvo de imensa admiração do mundo — sente-se ele tão infeliz na sua felicidade, que resolve fugir da maldição da sua prosperidade, como ele mesmo diz. Desaparece... mas a polícia o reconduz para casa e o obriga a viver, por algum tempo, no meio da família.

Tolstói, porém, não tolera a sua chamada felicidade; numa fria noite de inverno, quase aos oitenta anos de vida, foge pela segunda vez, desta vez em companhia da filha mais nova Alexandra, que parece ter participado da nostalgia mística do pai. Apenas com a roupa do corpo, adoece no trem e morre numa pequena estação ferroviária em plena mata; antes de dar o último suspiro, transmite à filha a sua última vontade, proibindo qualquer discurso, música ou pompa ao pé do seu túmulo.

Nem sempre dinheiro, sexo e divertimentos roubam ao homem a visão de uma felicidade transcendente; desse roubo só são vítimas os caracteres medíocres, os homens-minhocas, satisfeitos com o seu húmus no fundo da terra, e incapazes de invejarem os vôos das águias nas luminosas alturas do céu.

Quando o Mestre diz aos seus discípulos que eles são o sal da terra, faz alusão a esse condimento de espiritualidade, destinado a tornar saborosas todas as materialidades da vida terrestre. Não lhes recomenda comer sal puro, mas sim condimentar todos os alimentos da vida física com o sabor da metafísica e da mística, que ele designa geralmente com a palavra o "Reino de Deus".

Mas o Nazareno faz aos seus discípulos uma advertência muito séria: se o próprio sal da espiritualidade perder a sua salinidade, o seu poder de salgar, fica inútil e para nada mais serve senão para ser lançado fora e pisado aos pés dos transeuntes.

Quando o homem perde a consciência da sua espiritualidade, a consciência do seu Eu divino, como poderia ele ainda espiritualizar a sua vida material? Como poderia o Eu divino condimentar as profanidades do ego humano, se ele perder a consciência de que "eu e o Pai somos um"?

E como conseguirá o homem preservar esta consciência se, no meio deste dilúvio diário de profanidades e profanações, não se recolher muitas vezes à sacralidade da interiorização, da sintonização crística?

Esse homem perdeu a sua razão de ser, abriu falência. É lançado fora, mesmo na vida presente, e pisado aos pés. Pode ser que os seus companheiros de profanidade o estimem e respeitem aparentemente; mas o que eles respeitam é antes o que esse homem *tem*, não o que ele é; respeitam *algo* que ele possui, dinheiro, sua posição social, seu prestígio — não respeitam o *alguém* que ele devia ser, mas não é. Em última análise só se pode respeitar um *valor* e não uma *coisa*. Mas o homem que se desvaloriza e coisifica deixou de ser alguém e se tornou apenas *algo*.

O sal, além de dar sabor aos alimentos, também os preserva da putrefação. Mas quem é putrefato não pode salvar outro da putrefação, da corrupção.

Hoje em dia, quem não anda na moda não é moderno e como o homem profano, acima de tudo, quer ser moderno, tem de acompanhar a moda, por mais putrefata que ela seja. A moda, porém, é quase sempre não ter modos, ser escravo da opinião pública, não se guiar pela consciência própria, mas obedecer a convenções alheias. Não ser moderno exige grande firmeza de caráter e independência de espírito.

Hoje em dia, é quase impossível ter consciência própria. A publicidade social e comercial é tão requintadamente sutil e contagiante que nenhum homem medíocre resiste ao impacto da propaganda; somente uns poucos monólitos conseguem erguer-se, incólumes, do meio do vasto areal da escravidão universal da sociedade.

Para não ser moderno é necessário ser herói.

Para ser *alguém* é preciso ter a coragem de renunciar a *algo* — e muitas vezes esse algo é quase tudo o que a sociedade preza.

Para poder funcionar como o sal da sociedade, para lhe dar sabor e preservá-la da corrupção, é necessário, não raro, parecer anti-social, não ser um passivo refletor da opinião pública, mas sim um ativo diretor dela.

O homem-sal tem de ter a coragem de ser antipático à sociedade — por amor à sociedade, tem de contrariá-la, para salvá-la.

O homem espiritual se guia por *princípios* — o homem material só é dominado por *fins*.

O homem fraco é derrotado por fins egoísticos — o homem forte é orientado por princípios espirituais.

Por isto, o homem de princípios não terá fim, é eterno, porque está sempre no princípio da sua vida e carreira.

Os princípios preservam o homem, como o sal.

Os fins corrompem o homem, como se corrompem os alimentos sem sal.

"Vós sois o sal da terra"...

“Vós sois a luz do mundo”

O que a ciência analítica de Einstein provou no século XX, isto já sabia a sapiência intuitiva de Moisés quinze séculos antes de Cristo. Logo no princípio do *Gênesis*, diz Moisés que, no primeiro *yom* (período), Deus creou a luz, não a luz do sol e das estrelas, que, segundo ele, apareceram só no quarto período. Moisés fala da luz cósmica, invisível, da qual nasceram as luzes focalizadas no sol, nas estrelas e nas outras unidades siderais.

Seja nas páginas do *Gênesis*, escritas cerca de 3.500 anos antes do nosso tempo, seja em pleno século XX, na era atômica, os sapientes e os cientes afirmam que a luz é o alfa e ômega de todas as coisas finitas — o alfa, porque tudo é lucigênito, o ômega, porque tudo é lucificável.

O Cristo cósmico afirma que ele é a luz do cosmos, não no sentido físico, mas na visão metafísica; “antes que o mundo existisse, eu sou”, diz ele na sua oração de despedida, na santa ceia.

E afirma que todo homem é essencialmente essa mesma luz cósmica, embora em nós essa luz esteja ainda oculta debaixo do alqueire da nossa opaca egoidade, e nele já estava manifesta, brilhando no alto do candelabro da sua consciência espiritual. Quando ele diz: “Eu e o Pai somos um, o Pai está em mim”, logo acrescenta: “O Pai também está em vós”; e quando afirma: “Eu sou a luz do mundo”, logo completa: “vós também sois a luz do mundo”.

Certos teólogos, ainda emaranhados na ilusão do seu exoterismo, não admitem que nós sejamos da mesma substância essencial que o

Cristo, da substância divina do Pai; querem que o Cristo seja "gerado", nascido da consubstancialidade homogênea da Divindade, e que nós sejamos "feitos" da diversidade heterogênea, não nascidos de Deus, mas manufaturados por ele.

Mas essa teologia contradiz frontalmente o Evangelho e as palavras explícitas do Cristo. Contradiz até as palavras que Paulo de Tarso disse aos filósofos atenienses, nas alturas do Areópago: "Nós somos de estirpe divina".

Não há nenhum panteísmo blasfemo nessa concepção da substancialidade crística de todos os homens. A homogeneidade consubstancial não se refere à nossa existência finita, mas tão-somente à nossa essência infinita. Em nossa finitude hominal todos nós somos infinitamente inferiores à Divindade e, quando caímos em erros e pecados, não é Deus que erra ou peca, é apenas o nosso pobre ego humano, que não é igual a Deus.

A nossa tarefa, aqui na Terra, consiste precisamente em fazer do nosso ego humano existencial uma perfeita imagem e semelhança do nosso Eu divino essencial. Assim como o Eu divino do Cristo faz do ego humano do seu Jesus um perfeito veículo do seu Cristo cósmico, assim deve todo Eu crístico do homem transformar o seu ego humano num perfeito veículo e agente dócil do seu Verbo, que se faz carne em cada um de nós.

"Toda alma humana — escreve Tertuliano no segundo século — é crística por sua própria natureza."

A nossa missão aqui na terra é revelar através do prisma da nossa humanidade a cristicidade da luz divina.

A nossa personalidade humana pode servir de impedimento opaco e opor-se à penetração da luz divina — mas pode também servir de prisma triangular para difundir beneficamente a luz incolor do Cristo na maravilhosa faixa multicor da nossa humanidade. O nosso prisma triangular — alma, mente e corpo — pode fazer da luz incolor do Verbo uma epopéia de belezas, em vez de funcionar como interceptor opaco da luz divina.

Difusor transparente de belezas multicores — e não interceptor opaco da luz divina.

* * *

Onde não há luz não há vida, beleza, alegria.

Se Deus, segundo Aristóteles, é *actus purus*, pura atividade ou vibração espiritual, então a creatura deve ser tanto mais divina quanto mais se aproximar do *actus purus*.

O profano entende por atividade "movimento", correria, agitação. Na verdade, porém, a atividade é precisamente o contrário do movimento. Uma roda em movimento giratório, que recebe sua força do eixo, tem toda a força no centro, ao passo que tanto menor é a força quanto mais distante do eixo central e quanto mais próximo da periferia. Força e movimento estão em sentido oposto. Força é atividade — movimento é passividade. A força *dá*, o movimento *recebe*. Luz é o máximo de vibração, atividade.

Quando o homem atinge o zênite da sua força e atividade, torna-se cada vez mais tranqüilo, mais quieto, mais centralizado, e por isto mais eficiente. Eficiência é força, e não movimento; 10% de força vale mais que 90% de movimento. A luz é a maior força do Universo, embora pareça ser a coisa mais fraca. A essência da dinamite, das águas, da eletricidade, do vento, é a luz. Nestes últimos anos a nossa ciência e técnica descobriram que o último reduto da força é o átomo, ou melhor, o núcleo atômico, que se chama próton. Próton é a palavra grega para "primeiro"; a primeira e a maior das forças é o próton, que é a alma invisível do átomo e, portanto, de todas as coisas da natureza.

Antigamente, força era músculos de animais, camelos, elefantes, bois, búfalos, cavalos etc. Força era também a água, o vento; mais tarde força era vapor d'água, que acionava locomotivas. Desde o século passado, força é eletricidade, que parecia ser fraqueza.

Finalmente, força é esta aparente imobilidade invisível do átomo e, ultimamente, essa entidade que nunca ninguém viu, do núcleo atômico, o próton. Hoje, o homem se convenceu que força é aparente fraqueza e imobilidade.

* * *

No microcosmo humano, o próton ou núcleo é o seu Eu, que é a fonte de todas as suas forças e o centro imóvel de todas as periferias móveis; é o ponto fixo; é o átomo indivisível, o "indivíduo", indiviso em si e indiviso, não dividido, da alma do Universo.

Quando o Nazareno disse que o homem é luz cósmica como ele mesmo, enunciou o ponto culminante de toda sapiência dos séculos e milênios.

Teilhard de Chardin falou do "alfa e ômega" do homem; escreveu um livro sobre *O Fenômeno Humano*, que vai da pilosfera através da biosfera, e hoje chegou até à noosfera, em demanda da logosfera, que é o Logos, o Verbo, o Cristo cósmico, a Luz do mundo.

Mas, através de toda essa jornada multimilenar — através da *hyle* (matéria), da *bios* (vida), do *noos* (inteligência) rumo ao *Logos* (razão), é o homem guiado, luci-guiado, consciente ou inconscientemente, pela luz cósmica do seu Cristo interno.

Dizem e escrevem certos ignorantes, sobretudo os ignorantes eruditos, que o homem veio da matéria, do animal — e ignoram a sua própria ignorância. Pois, segundo a mais comezinha lógica e matemática, o menos não pode produzir o mais, o inferior não produz o superior. Esses homens confundem fonte com canal, causa com condição. Possivelmente, o corpo humano tenha fluído através de veículos materiais, mas, em hipótese alguma, veio desses canais; o homem veio da mesma e única fonte infinita da qual derivaram todas as águas das coisas finitas. Podem os finitos fluir *através* de outros finitos, mas não podem vir *de* outros finitos. Podem os finitos funcionar como *potencialidades* (canais), mas não podem ser *potência* (fonte).

Assim como todos os 92 elementos da química, dos quais vêm todas as coisas, vieram da luz, como a ciência provou — assim vieram todas as coisas finitas do Infinito, como a sapiência sabe e intuiu desde o princípio da humanidade.

A luz da essência humana veio da Luz da Essência Divina. O próprio Cristo, que é a luz do mundo já plenamente realizada, afirma que também ele veio da Luz Infinita que ele chama o Pai:

"Eu e o Pai somos um, mas o Pai é maior do que eu". Ele, o Cristo cósmico, é o canal-mestre, que veio da fonte do Pai; e nós somos como que canais secundários ligados ao canal-mestre dele. Por isso diz ele: "Ninguém vai ao Pai a não ser por mim; eu sou o caminho, a verdade e a vida, quem me segue não anda em trevas, mas tem a luz da vida".

* * *

Onde não há luz, como já dissemos, não há vida, beleza, alegria. Sem a luz tudo é morto, feio, triste.

O que os profanos chamam vida, beleza e alegria é como luz pintada numa tela de museu, mas não é luz verdadeira e autêntica. Todos sabem que a mais perfeita luz pintada não ilumina nem aquece; é uma pseudoluz ilusória, fictícia. Um incêndio na tela não fornece luz nem calor como um simples fósforo. A diferença entre luz natural e luz artificial, entre luz verdadeira e luz pintada, não é questão de *quantidade*, mas de *qualidade*. Com a pequena chama de um fósforo podemos incendiar uma floresta inteira, e iniciar a iluminação da maior cidade do mundo — mas com uma luz artificial pintada não podemos iluminar uma sala, nem sequer aquecer um cafezinho.

Quando a pequena chama de um fósforo encontra combustível suficiente, inicia uma "reação em cadeia" de caráter molecular, e enquanto houver combustível o fogo não se apaga.

O mesmo se dá no mundo metafísico, onde a "reação em cadeia" é sem limites: basta que apareça um homem-luz, um homem-fogo, e a iluminação e o incêndio metafísico se propagam irresistivelmente. Há quase dois mil anos que apareceu um homem dessa natureza, de luz e fogo, que disse: "Eu sou a luz do mundo", "Eu vim para lançar fogo à terra, e que quero eu senão que arda?" — e há quase dois mil anos muitos homens foram iluminados e ignificados por esse gigantesco incêndio. Basta que alguém se torne combustível idôneo, para ser iluminado e incendiado por essa gigantesca conflagração Cristo-cósmica. Dá-se então uma "reação em cadeia", um contágio de luz e fogo, quando um homem crea em si a necessária receptividade luci-ígnea.

* * *

O *profano* está como que na escuridão ou na sombra espessa, porque se acha por detrás de uma muralha opaca que se ergue entre ele e a luz; vive nessa escuridão e nada sabe da luz.

O *místico* chegou a saber que há luz do outro lado da muralha opaca e, desejoso da luz, resolveu derrubar essa muralha, que é o mundo material do qual faz parte o seu próprio corpo e todas as coisas do ego.

O homem *cósmico*, porém, descobriu uma terceira alternativa: não está por detrás de nenhuma muralha opaca, nem derrubou esse muro, mas, de tão iluminado e lucificado, tornou esse muro transparente. O homem cósmico despertou em si tamanho poder de sabedoria que conseguiu diafanizar a muralha divisória entre si e a luz; fez da muralha opaca um prisma cristalino, através do qual penetra a luz incolor e aparece nas maravilhas das cores do arco-íris, embelezando todas as coisas da sua vida. Mas para lucificar a muralha divisória das coisas mundanas, deve ele mesmo ter intensificado ao máximo a sua lucificação.

A luz incolor é una.

O prisma tem três faces.

E o resultado do uno e do três são as sete cores do arco-íris.

A alma, a mente e o corpo — esse prisma triangular — quando se tornam perfeitamente transparentes, podem transformar a luz branca do Cristo na maravilha multicor — como aconteceu com Jesus de Nazaré, através do qual se manifestou o Cristo cósmico — e a personalidade do Nazareno apareceu "cheia de graça e de verdade".

Quando o Verbo do nosso Eu crístico se encarna na pessoa humana pela geração e pelo nascimento, pode o ego humano eclipsar a luz do Eu divino — mas pode também fazer do ego a mais bela creatura de Deus.

Quando a personalidade humana do Nazareno foi penetrada pela luz do mundo, ficou esta terra embelezada pelos esplendores de Jesus de Nazaré, "de cuja plenitude todos nós recebemos graça sobre graça".

Huberto Rohden

Nasceu em Tubarão, Santa Catarina, Brasil. Fez estudos no Rio Grande do Sul. Formou-se em Ciências, Filosofia e Teologia em Universidades da Europa — Innsbruck (Áustria), Valkenburg (Holanda) e Nápoles (Itália).

De regresso ao Brasil, trabalhou como professor, conferencista e escritor. Publicou mais de 65 obras sobre ciência, filosofia e religião, entre as quais várias foram traduzidas em outras línguas, inclusive o Esperanto; algumas existem em Braille, para institutos de cegos.

Rohden não está filiado a nenhuma igreja, seita ou partido político. Fundou e dirigiu o movimento mundial Alvorada, com sede em São Paulo.

De 1945 a 1946 teve uma Bolsa de Estudos para Pesquisas Científicas, na Universidade de Princeton, New Jersey (Estados

Unidos), onde conviveu com Albert Einstein e lançou os alicerces para o movimento de âmbito mundial da Filosofia Univérsica, tomando por base do pensamento e da vida humana a constituição do próprio Universo, evidenciando a afinidade entre Matemática, Metafísica e Mística.

Em 1946, Huberto Rohden foi convidado pela American University, de Washington, D.C., para reger as cátedras de Filosofia Universal e de Religiões Comparadas, cargo este que exerceu durante cinco anos.

Durante a última Guerra Mundial foi convidado pelo Bureau of Inter-American Affairs, de Washington, para fazer parte do corpo de tradutores das notícias de guerra, do inglês para o português. Ainda na American University, de Washington, fundou o Brazilian Center, centro cultural brasileiro, com o fim de manter intercâmbio cultural entre o Brasil e os Estados Unidos.

Na capital dos Estados Unidos, Rohden freqüentou, durante três anos, o Golden Lotus Temple, onde foi iniciado em *Kriya Yôga* por Swami Premananda, diretor hindu desse *ashram*.

Ao fim de sua permanência nos Estados Unidos, Huberto Rohden foi convidado para fazer parte do corpo docente da nova International Christian University (ICU) de Metaka, Japão, a fim de reger as cátedras de Filosofia Universal e Religiões Comparadas; mas, por causa da guerra na Coréia, a universidade japonesa não foi inaugurada, e Rohden regressou ao Brasil. Em São Paulo foi nomeado professor de Filosofia na Universidade Mackenzie, cargo do qual não tomou posse.

Em 1952, fundou em São Paulo a Instituição Cultural e Beneficente Alvorada, onde mantinha cursos permanentes em São Paulo, Rio de Janeiro e Goiânia, sobre Filosofia Univérsica e Filosofia do Evangelho, e dirigia Casas de Retiro Espiritual (*ashrams*) em diversos estados do Brasil.

Em 1969, Huberto Rohden empreendeu viagens de estudo e experiência espiritual pela Palestina, Egito, Índia e Nepal, realizando diversas conferências com grupos de iogues na Índia.

Em 1976, Rohden foi chamado a Portugal para fazer conferências sobre autoconhecimento e auto-realização. Em Lisboa fundou um setor do Centro de Auto-Realização Alvorada.

Nos últimos anos, Rohden residia na capital de São Paulo, onde permanecia alguns dias da semana escrevendo e reescrevendo seus livros, nos textos definitivos. Costumava passar três dias da semana no *ashram*, em contato com a natureza, plantando árvores, flores ou trabalhando no seu apiário-modelo.

Quando estava na capital, Rohden freqüentava periodicamente a editora responsável pela publicação de seus livros, dando-lhe orientação cultural e inspiração.

Fundamentalmente, toda a obra educacional e filosófica de Rohden divide-se em grandes segmentos: 1) a sede central da Instituição (Centro de Auto-realização), em São Paulo, que tem a finalidade de ministrar cursos e horas de meditação; 2) o *ashram*, situado a 70 quilômetros da capital, onde são dados, periodicamente, os Retiros Espirituais, de três dias completos; 3) a Editora Martin Claret, de São Paulo, que difunde, através de livros, a Filosofia Univérsica; 4) um grupo de dedicados e fiéis amigos, alunos e discípulos, que trabalham na consolidação e continuação da sua obra educacional.

À zero hora do dia 8 de outubro de 1981, após longa internação em uma clínica naturista de São Paulo, aos 87 anos, o professor Huberto Rohden partiu deste mundo e do convívio de seus amigos e discípulos. Suas últimas palavras em estado consciente foram: "Eu vim para servir a Humanidade".

Rohden deixa, para as gerações futuras, um legado cultural e um exemplo de fé e trabalho somente comparados aos dos grandes homens do nosso século.

Huberto Rohden é o principal editando da Editora Martin Claret.

Relação de obras do prof. Huberto Rohden

Coleção Filosofia Universal:

O pensamento filosófico da Antiguidade
A filosofia contemporânea
O espírito da filosofia oriental

Coleção Filosofia do Evangelho:

Filosofia cósmica do evangelho
O Sermão da Montanha
Assim dizia o Mestre
O triunfo da vida sobre a morte
O Nosso Mestre

Coleção Filosofia da Vida:

De Alma para Alma
Ídolos ou Ideal?
Escalando o Himalaia
O caminho da felicidade
Deus
Em Espírito e Verdade
Em comunhão com Deus
Cosmorama
Porque sofremos

Lúcifer e Logos
A grande libertação
Bhagavad Gita (tradução)
Setas para o Infinito
Entre dois mundos
Minhas vivências na Palestina, Egito e Índia
Filosofia da arte
A Arte de Curar pelo Espírito. Autor: Joel Goldsmith (tradução de Huberto Rohden)
Orientando
"Que vos parece do Cristo?"
Educação do Homem Integral
Dias de grande paz (tradução)
O drama milenar do Cristo e do AntiCristo
Luzes e sombras da alvorada
Roteiro cósmico
A metafísica do Cristianismo
A voz do silêncio
Tao Te Ching de Lao-Tsé (tradução) - ilustrado
Sabedoria das Parábolas
O 5º Evangelho segundo Tomé (tradução)
A nova humanidade
A mensagem viva do Cristo (Os Quatro Evangelhos - tradução)
Rumo à consciência cósmica
O Homem
Estratégias de Lúcifer
O Homem e o Universo
Imperativos da vida
Profanos e Iniciados
Novo Testamento
Lampejos evangélicos
O Cristo cósmico e os essênios
A experiência cósmica

Coleção Mistérios da Natureza:

Maravilhas do Universo
Alegorias
Ísis
Por mundos ignotos

Coleção Biografias:

Paulo de Tarso
Agostinho
Por um ideal - 2 vols. - autobiografia
Mahatma Gandhi - ilustrado
Jesus Nazareno - 2 vols.
Einstein - O enigma da matemática - ilustrado
Pascal - ilustrado
Myriam

Coleção Opúsculos:

Saúde e felicidade pela Cosmo-Meditação
Catecismo da filosofia
Assim dizia Mahatma Gandhi (100 Pensamentos)
Aconteceu entre 2000 e 3000
Ciência, Milagre e Oração são compatíveis?
Centros de Auto-Realização

Sumário

Segunda parte

Mística das beatitudes

Auto-retrato da alma de Jesus

Os Objetivos, a Filosofia e a Missão da Editora Martin Claret

O principal Objetivo da MARTIN CLARET é continuar a desenvolver uma grande e poderosa empresa editorial brasileira, para melhor servir a seus leitores.

A Filosofia de trabalho da MARTIN CLARET consiste em criar, inovar, produzir e distribuir, sinergicamente, livros da melhor qualidade editorial e gráfica, para o maior número de leitores e por um preço economicamente acessível.

A Missão da MARTIN CLARET é conscientizar e motivar as pessoas a desenvolver e utilizar o seu pleno potencial espiritual, mental, emocional e social.

A MARTIN CLARET está empenhada em contribuir para a difusão da educação e da cultura, por meio da democratização do livro, usando todos os canais ortodoxos e heterodoxos de comercialização.

A MARTIN CLARET, em sua missão empresarial, acredita na verdadeira função do livro: o livro muda as pessoas.

A MARTIN CLARET, em sua vocação educacional, deseja, por meio do livro, claretizar, otimizar e iluminar a vida das pessoas.

Revolucione-se: leia mais para ser mais!

MARTIN CLARET

Relação dos Volumes Publicados

1. **Dom Casmurro**
Machado de Assis
2. **O Príncipe**
Maquiavel
3. **Mensagem**
Fernando Pessoa
4. **O Lobo do Mar**
Jack London
5. **A Arte da Prudência**
Baltasar Gracián
6. **Iracema / Cinco Minutos**
José de Alencar
7. **Inocência**
Visconde de Taunay
8. **A Mulher de 30 Anos**
Honoré de Balzac
9. **A Moreninha**
Joaquim Manuel de Macedo
10. **A Escrava Isaura**
Bernardo Guimarães
11. **As Viagens - "Il Milione"**
Marco Polo
12. **O Retrato de Dorian Gray**
Oscar Wilde
13. **A Volta ao Mundo em 80 Dias**
Júlio Verne
14. **A Carne**
Júlio Ribeiro
15. **Amor de Perdição**
Camilo Castelo Branco
16. **Sonetos**
Luís de Camões
17. **O Guarani**
José de Alencar
18. **Memórias Póstumas de Brás Cubas**
Machado de Assis
19. **Lira dos Vinte Anos**
Álvares de Azevedo
20. **Apologia de Sócrates / Banquete**
Platão
21. **A Metamorfose/Um Artista da Fome/Carta a Meu Pai**
Franz Kafka
22. **Assim Falou Zaratustra**
Friedrich Nietzsche
23. **Triste Fim de Policarpo Quaresma**
Lima Barreto
24. **A Ilustre Casa de Ramires**
Eça de Queirós
25. **Memórias de um Sargento de Milícias**
Manuel Antônio de Almeida
26. **Robinson Crusoé**
Daniel Defoe
27. **Espumas Flutuantes**
Castro Alves
28. **O Ateneu**
Raul Pompéia
29. **O Noviço / O Juiz de Paz da Roça / Quem Casa Quer Casa**
Martins Pena
30. **A Relíquia**
Eça de Queirós
31. **O Jogador**
Dostoiévski
32. **Histórias Extraordinárias**
Edgar Allan Poe
33. **Os Lusíadas**
Luís de Camões
34. **As Aventuras de Tom Sawyer**
Mark Twain
35. **Bola de Sebo e Outros Contos**
Guy de Maupassant
36. **A República**
Platão
37. **Elogio da Loucura**
Erasmo de Rotterdam
38. **Caninos Brancos**
Jack London
39. **Hamlet**
William Shakespeare
40. **A Utopia**
Thomas More
41. **O Processo**
Franz Kafka
42. **O Médico e o Monstro**
Robert Louis Stevenson
43. **Ecce Homo**
Friedrich Nietzsche
44. **O Manifesto do Partido Comunista**
Marx e Engels
45. **Discurso do Método / Regras para a Direção do Espírito**
René Descartes
46. **Do Contrato Social**
Jean-Jacques Rousseau
47. **A Luta pelo Direito**
Rudolf von Ihering
48. **Dos Delitos e das Penas**
Cesare Beccaria
49. **A Ética Protestante e o Espírito do Capitalismo**
Max Weber
50. **O Anticristo**
Friedrich Nietzsche
51. **Os Sofrimentos do Jovem Werther**
Goethe
52. **As Flores do Mal**
Charles Baudelaire
53. **Ética a Nicômaco**
Aristóteles
54. **A Arte da Guerra**
Sun Tzu
55. **Imitação de Cristo**
Tomás de Kempis
56. **Cândido ou o Otimismo**
Voltaire
57. **Rei Lear**
William Shakespeare
58. **Frankenstein**
Mary Shelley
59. **Quincas Borba**
Machado de Assis
60. **Fedro**
Platão
61. **Política**
Aristóteles
62. **A Viuvinha / Encarnação**
José de Alencar
63. **As Regras do Método Sociológico**
Émile Durkheim
64. **O Cão dos Baskervilles**
Sir Arthur Conan Doyle
65. **Contos Escolhidos**
Machado de Assis
66. **Da Morte / Metafísica doAmor / Do Sofrimento do Mundo**
Arthur Schopenhauer
67. **As Minas do Rei Salomão**
Henry Rider Haggard
68. **Manuscritos Econômico-Filosóficos**
Karl Marx
69. **Um Estudo em Vermelho**
Sir Arthur Conan Doyle
70. **Meditações**
Marco Aurélio
71. **A Vida das Abelhas**
Maurice Materlinck
72. **O Cortiço**
Aluísio Azevedo
73. **Senhora**
José de Alencar
74. **Brás, Bexiga e Barra Funda / Laranja da China**
Antônio de Alcântara Machado
75. **Eugênia Grandet**
Honoré de Balzac
76. **Contos Gauchescos**
João Simões Lopes Neto
77. **Esaú e Jacó**
Machado de Assis
78. **O Desespero Humano**
Sören Kierkegaard
79. **Dos Deveres**
Cícero
80. **Ciência e Política**
Max Weber
81. **Satíricon**
Petrônio
82. **Eu e Outras Poesias**
Augusto dos Anjos
83. **Farsa de Inês Pereira / Auto da Barca do Inferno / Auto da Alma**
Gil Vicente
84. **A Desobediência Civil e Outros Escritos**
Henry David Toreau
85. **Para Além do Bem e do Mal**
Friedrich Nietzsche
86. **A Ilha do Tesouro**
R. Louis Stevenson
87. **Marília de Dirceu**
Tomás A. Gonzaga
88. **As Aventuras de Pinóquio**
Carlo Collodi
89. **Segundo Tratado Sobre o Governo**
John Locke
90. **Amor de Salvação**
Camilo Castelo Branco
91. **Broquéis/Faróis/ Últimos Sonetos**
Cruz e Souza
92. **I-Juca-Pirama / Os Timbiras / Outros Poemas**
Gonçalves Dias
93. **Romeu e Julieta**
William Shakespeare
94. **A Capital Federal**
Arthur Azevedo
95. **Diário de um Sedutor**
Sören Kierkegaard

96. **Carta de Pero Vaz de Caminha a El-Rei Sobre o Achamento do Brasil**
Pero Vaz de Caminha

97. **Casa de Pensão**
Aluísio Azevedo

98. **Macbeth**
William Shakespeare

99. **Édipo Rei/Antígona**
Sófocles

100. **Lucíola**
José de Alencar

101. **As Aventuras de Sherlock Holmes**
Sir Arthur Conan Doyle

102. **Bom-Crioulo**
Adolfo Caminha

103. **Helena**
Machado de Assis

104. **Poemas Satíricos**
Gregório de Matos

105. **Escritos Políticos / A Arte da Guerra**
Maquiavel

106. **Ubirajara**
José de Alencar

107. **Diva**
José de Alencar

108. **Eurico, o Presbítero**
Alexandre Herculano

109. **Os Melhores Contos**
Lima Barreto

110. **A Luneta Mágica**
Joaquim Manuel de Macedo

111. **Fundamentação da Metafísica dos Costumes e Outros Escritos**
Immanuel Kant

112. **O Príncipe e o Mendigo**
Mark Twain

113. **O Domínio de Si Mesmo Pela Auto-Sugestão Consciente**
Émile Coué

114. **O Mulato**
Aluísio Azevedo

115. **Sonetos**
Florbela Espanca

116. **Uma Estadia no Inferno / Poemas / Carta do Vidente**
Arthur Rimbaud

117. **Várias Histórias**
Machado de Assis

118. **Fédon**
Platão

119. **Poesias**
Olavo Bilac

120. **A Conduta para a Vida**
Ralph Waldo Emerson

121. **O Livro Vermelho**
Mao Tsé-Tung

122. **Oração aos Moços**
Rui Barbosa

123. **Otelo, o Mouro de Veneza**
William Shakespeare

124. **Ensaios**
Ralph Waldo Emerson

125. **De Profundis / Balada do Cárcere de Reading**
Oscar Wilde

126. **Crítica da Razão Prática**
Immanuel Kant

127. **A Arte de Amar**
Ovídio Naso

128. **O Tartufo ou O Impostor**
Molière

129. **Metamorfoses**
Ovídio Naso

130. **A Gaia Ciência**
Friedrich Nietzsche

131. **O Doente Imaginário**
Molière

132. **Uma Lágrima de Mulher**
Aluísio Azevedo

133. **O Último Adeus de Sherlock Holmes**
Sir Arthur Conan Doyle

134. **Canudos - Diário de Uma Expedição**
Euclides da Cunha

135. **A Doutrina de Buda**
Siddharta Gautama

136. **Tao Te Ching**
Lao-Tsé

137. **Da Monarquia / Vida Nova**
Dante Alighieri

138. **A Brasileira de Prazins**
Camilo Castelo Branco

139. **O Velho da Horta/Quem Tem Farelos?/Auto da Índia**
Gil Vicente

140. **O Seminarista**
Bernardo Guimarães

141. **O Alienista / Casa Velha**
Machado de Assis

142. **Sonetos**
Manuel du Bocage

143. **O Mandarim**
Eça de Queirós

144. **Noite na Taverna / Macário**
Álvares de Azevedo

145. **Viagens na Minha Terra**
Almeida Garrett

146. **Sermões Escolhidos**
Padre Antonio Vieira

147. **Os Escravos**
Castro Alves

148. **O Demônio Familiar**
José de Alencar

149. **A Mandrágora / Belfagor, o Arquidiabo**
Maquiavel

150. **O Homem**
Aluísio Azevedo

151. **Arte Poética**
Aristóteles

152. **A Megera Domada**
William Shakespeare

153. **Alceste/Electra/Hipólito**
Eurípedes

154. **O Sermão da Montanha**
Huberto Rohden

155. **O Cabeleira**
Franklin Távora

156. **Rubáiyát**
Omar Khayyám

157. **Luzia-Homem**
Domingos Olímpio

158. **A Cidade e as Serras**
Eça de Queirós

159. **A Retirada da Laguna**
Visconde de Taunay

160. **A Viagem ao Centro da Terra**
Júlio Verne

161. **Caramuru**
Frei Santa Rita Durão

162. **Clara dos Anjos**
Lima Barreto

163. **Memorial de Aires**
Machado de Assis

164. **Bhagavad Gita**
Krishna

165. **O Profeta**
Khalil Gibran

166. **Aforismos**
Hipócrates

167. **Kama Sutra**
Vatsyayana

168. **O Livro da Jângal**
Rudyard Kipling

169. **De Alma para Alma**
Huberto Rohden

170. **Orações**
Cícero

171. **Sabedoria das Parábolas**
Huberto Rohden

172. **Salomé**
Oscar Wilde

173. **Do Cidadão**
Thomas Hobbes

174. **Porque Sofremos**
Huberto Rohden

175. **Einstein: o Enigma do Universo**
Huberto Rohden

176. **A Mensagem Viva do Cristo**
Huberto Rohden

177. **Mahatma Gandhi**
Huberto Rohden

178. **A Cidade do Sol**
Tommaso Campanella

179. **Setas para o Infinito**
Huberto Rohden

180. **A Voz do Silêncio**
Helena Blavatsky

181. **Frei Luís de Sousa**
Almeida Garrett

182. **Fábulas**
Esopo

183. **Cântico de Natal/Os Carrilhões**
Charles Dickens

184. **Contos**
Eça de Queirós

185. **O Pai Goriot**
Honoré de Balzac

186. **Noites Brancas e Outras Histórias**
Dostoiévski

187. **Minha Formação**
Joaquim Nabuco

188. **Pragmatismo**
William James

189. **Discursos Forenses**
Enrico Ferri

190. **Medéia**
Eurípedes

191. **Discursos de Acusação**
Enrico Ferri

192. **A Ideologia Alemã**
Marx & Engels

193. **Prometeu Acorrentado**
Ésquilo

194. **Iaiá Garcia**
Machado de Assis

195. **Discursos no Instituto dos Advogados Brasileiros / Discurso no Colégio Anchieta**
Rui Barbosa

295. O Uraguai / A Declamação Trágica
Basílio da Gama

296. Crisálidas
Machado de Assis

297. Americanas
Machado de Assis

298. A Carteira de Meu Tio
Joaquim Manuel de Macedo

299. Catecismo da Filosofia
Huberto Rohden

301. Rumo à Consciência Cósmica
Huberto Rohden

302. Cosmoterapia
Huberto Rohden

303. Bodas de Sangue
Federico García Lorca

304. Discurso da Servidão Voluntária
Étienne de La Boétie

305. Categorias
Aristóteles

306. Manon Lescaut
Abade Prévost

307. Teogonia / Trabalho e Dias
Hesíodo

308. As Vítimas-Algozes
Joaquim Manuel de Macedo

309. Persuasão
Jane Austen

310. Agostinho
Huberto Rohden

Série Ouro
(Livros com mais de 400 p.)

1. Leviatã
Thomas Hobbes

2. A Cidade Antiga
Fustel de Coulanges

3. Crítica da Razão Pura
Immanuel Kant

4. Confissões
Santo Agostinho

5. Os Sertões
Euclides da Cunha

6. Dicionário Filosófico
Voltaire

7. A Divina Comédia
Dante Alighieri

8. Ética Demonstrada à Maneira dos Geômetras
Baruch de Spinoza

9. Do Espírito das Leis
Montesquieu

10. O Primo Basílio
Eça de Queirós

11. O Crime do Padre Amaro
Eça de Queirós

12. Crime e Castigo
Dostoiévski

13. Fausto
Goethe

14. O Suicídio
Émile Durkheim

15. Odisséia
Homero

16. Paraíso Perdido
John Milton

17. Drácula
Bram Stocker

18. Ilíada
Homero

19. As Aventuras de Huckleberry Finn
Mark Twain

20. Paulo – O 13º Apóstolo
Ernest Renan

21. Eneida
Virgílio

22. Pensamentos
Blaise Pascal

23. A Origem das Espécies
Charles Darwin

24. Vida de Jesus
Ernest Renan

25. Moby Dick
Herman Melville

26. Os Irmãos Karamazovi
Dostoiévski

27. O Morro dos Ventos Uivantes
Emily Brontë

28. Vinte Mil Léguas Submarinas
Júlio Verne

29. Madame Bovary
Gustave Flaubert

30. O Vermelho e o Negro
Stendhal

31. Os Trabalhadores do Mar
Victor Hugo

32. A Vida dos Doze Césares
Suetônio

34. O Idiota
Dostoiévski

35. Paulo de Tarso
Huberto Rohden

36. O Peregrino
John Bunyan

37. As Profecias
Nostradamus

38. Novo Testamento
Huberto Rohden

39. O Corcunda de Notre Dame
Victor Hugo

40. Arte de Furtar
Anônimo do século XVII

41. Germinal
Émile Zola

42. Folhas de Relva
Walt Whitman

43. Ben-Hur — Uma História dos Tempos de Cristo
Lew Wallace

44. Os Maias
Eça de Queirós

45. O Livro da Mitologia
Thomas Bulfinch

46. Os Três Mosqueteiros
Alexandre Dumas

47. Poesia de Álvaro de Campos
Fernando Pessoa

48. Jesus Nazareno
Huberto Rohden

49. Grandes Esperanças
Charles Dickens

50. A Educação Sentimental
Gustave Flaubert

51. O Conde de Monte Cristo (Volume I)
Alexandre Dumas

52. O Conde de Monte Cristo (Volume II)
Alexandre Dumas

53. Os Miseráveis (Volume I)
Victor Hugo

54. Os Miseráveis (Volume II)
Victor Hugo

55. Dom Quixote de La Mancha (Volume I)
Miguel de Cervantes

56. Dom Quixote de La Mancha (Volume II)
Miguel de Cervantes

58. Contos Escolhidos
Artur Azevedo

59. As Aventuras de Robin Hood
Howard Pyle